中华人民共和国行业标准

公路工程建设项目造价文件管理导则

Regulations for Cost Documentation of Highway Engineering Construction Projects

JTG 3810—2017

主编单位：广东省交通运输工程造价管理站
批准部门：中华人民共和国交通运输部
实施日期：2018 年 02 月 01 日

人民交通出版社股份有限公司

图书在版编目（CIP）数据

公路工程建设项目造价文件管理导则：JTG 3810—2017 / 广东省交通运输工程造价管理站主编. — 北京：人民交通出版社股份有限公司，2018. 1

ISBN 978-7-114-14473-8

Ⅰ. ①公… Ⅱ. ①广… Ⅲ. ①道路工程—工程造价—文件管理 Ⅳ. ①U415. 13

中国版本图书馆 CIP 数据核字（2017）第 329725 号

标准类型：中华人民共和国行业标准
标准名称：公路工程建设项目造价文件管理导则
标准编号：JTG 3810—2017
主编单位：广东省交通运输工程造价管理站
责任编辑：吴有铭　李　农　李　沛
出版发行：人民交通出版社股份有限公司
地　　址：（100011）北京市朝阳区安定门外外馆斜街 3 号
网　　址：http：//www. ccpress. com. cn
销售电话：（010）59757973
总 经 销：人民交通出版社股份有限公司发行部
经　　销：各地新华书店
印　　刷：北京市密东印刷有限公司
开　　本：880 × 1230　1/16
印　　张：6. 75
字　　数：135 千
版　　次：2018 年 1 月　第 1 版
印　　次：2018 年 1 月　第 1 次印刷
书　　号：ISBN 978-7-114-14473-8
定　　价：50. 00 元
（有印刷、装订质量问题的图书，由本公司负责调换）

中华人民共和国交通运输部

公　　告

第63号

交通运输部关于发布《公路工程建设项目造价文件管理导则》的公告

现发布《公路工程建设项目造价文件管理导则》（JTG 3810—2017），作为公路工程行业标准，自2018年2月1日起施行。

《公路工程建设项目造价文件管理导则》（JTG 3810—2017）的管理权和解释权归交通运输部，日常解释和管理工作由主编单位广东省交通运输工程造价管理站负责。

请各有关单位注意在实践中总结经验，及时将发现的问题和修改建议函告广东省交通运输工程造价管理站（地址：广东省广州市白云路83号广东高速公路大厦11楼；邮政编码：510100），以便修订时研用。

特此公告。

中华人民共和国交通运输部

2017年12月15日

交通运输部办公厅　　2017年12月18日印发

前　言

为指导和规范公路工程建设项目各阶段造价文件的编制和管理工作，根据交通运输部办公厅《关于下达2013年度公路工程行业标准规范制修订项目计划的通知》（交公路字〔2013〕169号）的要求，由广东省交通运输工程造价管理站作为主编单位，负责制定《公路工程建设项目造价文件管理导则》（JTG 3810—2017）（以下简称“本导则”）。

在本导则的编制过程中，编写组系统总结了多年来我国公路工程建设项目（以下简称公路工程）造价管理的工作经验，充分借鉴了各省（自治区、直辖市）公路工程造价标准化和信息化的管理成果，广泛征求了国内专家意见，并反复讨论修改后定稿。

本导则作为交通运输部颁布的《公路工程造价管理暂行办法》的配套行业标准，是公路工程造价文件编制与管理的总领性准则，是公路工程造价类标准制修订及规范造价文件管理时应依照的基础性标准。本导则通过规范公路工程各阶段造价文件编制的基本内容和基本要求，明确了全过程各阶段造价文件编制应采用的通用的要素费用项目，并制定了相关规则，建立了前期阶段造价费用项目和实施阶段工程量清单费用项目之间的衔接关系，构建了全过程造价文件的体系架构，实现全过程造价文件的标准化管理。

本导则由7章和2个附录构成，分别是：1总则，2术语，3公路工程造价文件体系，4公路工程造价项目的组成及编码，5公路工程前期阶段造价文件，6公路工程实施阶段造价文件，7公路工程竣（交）工阶段造价文件，附录A公路工程造价项目及编码，附录B造价文件基本表式。

请各有关单位在实践中注意总结经验，将发现的问题和意见及时函告本导则日常管理组，联系人：王燕平（地址：广东省广州市白云路83号广东高速公路大厦11楼，广东省交通运输工程造价管理站，邮编：510100，电话：020-83731049，传真：020-83731491，电子邮箱：zjzjsk@gdcd.gov.cn），以便修订时参考。

主 编 单 位：广东省交通运输工程造价管理站

参 编 单 位：中交第一公路勘察设计研究院有限公司
广东省高速公路有限公司
深圳高速工程顾问有限公司
交通运输部路网监测与应急处置中心

主　　　编：黄成造

主要参编人员：吴伟彬　王燕平　郭卫民　莫　钧　易万中　管　培
伍　文　肖梅峰　方　申　杨兴发　张景博　李克文

主　　　审：闫秋波

参与审查人员：贾绍明　李春风　姚　沅　杜洪烈　王元庆　张道德

目　次

1　总则

1.0.1　为指导和规范公路工程造价文件的编制，推动公路工程造价文件编制标准化、造价管理规范化、管理手段信息化，衔接公路工程前期阶段造价费用项目与实施阶段工程量清单费用项目，提升公路工程全过程造价管理水平，制定本导则。

1.0.2　本导则适用于公路工程各阶段造价文件的编制和管理工作。

1.0.3　公路工程造价文件应符合国家的法律法规，适应社会经济发展水平，满足行业管理要求，体现工程地域特征，符合相应建设阶段的工作深度要求，准确反映相应建设阶段的工程费用。

1.0.4　公路工程造价文件应包括编制说明、基本表格和辅助表格。基本表格的设置应适应要素费用项目的编码、名称、单位、单价、合价及计算说明的需要；辅助表格可根据相应阶段的造价管理工作需要设置，并应与基本表格相互协调；不能在表格中反映的内容，应在编制说明中说明。

1.0.5　各阶段造价文件编制采用的费用项目的组成及结构层次，应在满足本导则规定的要素费用项目的基础上，根据相应建设阶段的工作深度确定。费用项目应层次分明、编码有序、名称和单位统一、工作内容分类清晰，可与前、后阶段的费用项目建立起对应关系，有利于实现前、后阶段造价的对比和分析。

1.0.6　一项公路工程需分两段或两段以上编制造价文件时，应统一编制原则，并将分段造价汇总成项目总造价形成总造价文件。应将本阶段项目总造价与前一阶段项目总造价作对比分析。当公路工程包含联络线、支线以及规模较大的辅道、连接线工程，需专项反映其造价时，应单独编制造价文件，并汇总至总造价文件中。

1.0.7　公路工程造价文件的编制应采用计算机技术，宜采用信息化技术实现数据交换。

1.0.8　公路工程造价文件包括纸质版文件和电子版文件。纸质版文件应字迹清晰、装订整齐，电子版文件应与纸质版文件内容一致。

1.0.9 公路工程各阶段造价文件的编制和管理工作除应符合本导则的规定外，尚应符合国家和行业现行有关标准的规定。

2 术语

2.0.1 造价文件 cost documentation

项目建议、工程可行性研究、初步设计、施工图设计、招标、施工、交工、竣工等各阶段造价类文件的统称，包括投资估算、设计概算、施工图预算、工程量清单、工程量清单预算、合同工程量清单、计量与支付、工程变更费用、造价管理台账、工程结算、工程竣工决算等文件。

2.0.2 造价依据 cost basis

用于编制各阶段造价文件所依据的办法、规则、定额、费用标准、造价指标以及其他相关的计价标准。

2.0.3 工程量清单 bill of quantities

在工程实施阶段用于表述公路工程工程量及对应价款的组成和内容的明细清单，包括完成公路建设活动所需的实物工程、措施项目以及费用项目等。

2.0.4 设计工程量清单 design project bill of quantities

设计文件中，为完成公路建设活动的实物体，按一定规则以实物计量单位、物理或自然计量单位表示各分部分项工程数量、构件数量及材料消耗数量等，以表列形式层次展现的明细清单。

2.0.5 费用项目清单 bill of cost item

针对公路工程造价的费用构成，综合费用来源和作用、工程管理和定额计价习惯等因素，结合长期工程设计和建设管理实践经验，按一定规则以工程或费用编码、名称、统计单位等因素划分，在公路工程计价各阶段以表列形式展现的一种相对稳定的工程或费用的明细清单。费用项目清单主要包括估算项目清单、概算项目清单、预算项目清单等。

2.0.6 要素费用项目 core cost item

贯穿公路工程造价管理全过程，具有固定统一的编码、工程或费用名称、统计单位、工作内容、计量规则等特性，并为反映公路工程造价总体情况而规定的通用性的基本费用项目。

2.0.7 扩展费用项目 extended cost item

在要素费用项目的基础上，根据公路工程相应建设阶段的计价工作深度要求，按照要素费用项目的设置规则加以扩充、细化而增加的其他费用项目。

2.0.8 工程量清单计价 bill of quantities valuation

以工程量清单为表现形式，按约定的计价规则计算确定单价、工程合价的方式。

2.0.9 定额计价 quota valuation

以费用项目清单为表现形式，以定额为主要依据计算确定工程造价和技术经济指标的方式。

2.0.10 投资估算 investment estimate

在公路工程项目建议、工程可行性研究阶段，按照规定的造价依据、方法和程序，以项目建议书、工程可行性研究报告、设计文件为依据，对工程建设所需的总投资及其构成进行预测和估计所确定的造价预估值。投资估算是公路工程项目决策的重要依据。

2.0.11 初步设计（修正）概算 design budget estimate

在公路工程初步设计阶段，按照规定的造价依据、方法和程序，以项目初步设计、技术设计为依据，对工程建设所需要的全部费用及其构成进行计算所确定的造价预计值。初步设计（修正）概算是公路工程项目建设管理重要的控制目标。

2.0.12 施工图预算 construction drawings budget

在公路工程施工图设计阶段，按照规定的造价依据、方法和程序，以项目施工图设计为依据，对工程建设所需要的全部费用及其构成进行计算所确定的造价预计值。施工图预算是组织项目建设实施、评价施工图设计经济合理性的重要依据。

2.0.13 工程量清单预算 bill of quantities budget

在公路工程施工招、投标活动中，对采用工程量清单计价的工程，参照编制施工图预算的造价依据和方法，按规定程序，对招标工程建设所需的全部费用及其构成进行测算所确定的造价预计值。工程量清单预算是评判投标报价合理性的重要依据。

2.0.14 合同工程量清单 contract bill of quantities

在公路工程发、承包活动中，发、承包双方根据合同法、招（投）标文件及有关规定，以约定的工程量清单计价方式，签订工程承包合同时确定的工程量清单。合同工程量清单包括拟建工程量、单价、合价及总额。

2.0.15 造价管理台账 project cost management journal

在公路工程实施阶段，总体反映公路工程自初步设计至工程竣工过程中的造价变化、工程变更、合同支付以及预估决算等造价管理动态信息的台账式文件。

2.0.16 计量与支付文件 project measurement and payment documentation

在公路工程实施阶段，对已完工程进行计量，并根据计量结果和合同约定对应付价款进行统计和确认，用于支付工程价款而编制的文件。计量与支付文件一般以规定格式的报表形式表现。

2.0.17 工程结算 project settlement price

在公路工程实施过程中或工程完工后，发、承包双方依据国家有关法律、法规，按合同约定计算确定的最终工程价款。

2.0.18 工程变更费用 project changement price

在公路工程实施过程中，由于工程设计、合同约定发生变化等因素导致增加或减少的费用。

2.0.19 造价执行情况报告 cost performance report

在公路工程竣工验收前，建设单位就本公路工程全过程造价管理和投资控制等情况而编制的造价工作总结报告。造价执行情况报告主要内容包括概预算执行、合同管理、重（较）大设计变更、工程竣工决算、造价信息收集和报送等方面的情况。

2.0.20 工程竣工决算 final account price

公路工程经审定的从筹建到竣工验收、交付使用全过程中实际支出的全部工程建设费用。工程竣工决算是整个公路工程的最终造价，是作为建设单位财务部门汇总固定资产的主要依据。

2.0.21 造价指标 cost index

按照一定的统计规则，对公路工程的投资估算、设计概算、施工图预算、合同价及工程竣工决算的工程数量或费用进行统计分析，得出的一系列反映公路工程特征的技术经济指标统称。造价指标包含工程量指标和费用指标等类别。

2.0.22 基本表格 basic forms

按本导则规定的内容和格式，各阶段造价文件编制时应采用的通用性、关键性的表格。

2.0.23 辅助表格 supplementary forms

各阶段造价文件编制中除基本表格外，根据需要增加的其他辅助性表格，一般反映相应阶段造价的数据来源、计算过程等内容。

3　公路工程造价文件体系

3.1　一般规定

3.1.1　公路工程造价文件体系由在公路工程建设全过程中分阶段编制的，可反映工程项目或费用组成，构建了工程数量、单价、费用之间相互关系的系列文件组成。

3.1.2　公路工程各阶段造价文件应根据相应的造价依据，按规范的格式编制；同一公路工程项目应进行初步设计（修正）概算与投资估算、施工图预算与初步设计（修正）概算、标底或最高投标限价与初步设计（修正）概算或施工图预算、工程竣工决算与初步设计（修正）概算等前后阶段的造价对比，动态掌握造价变化情况，为工程管理提供决策参考，以利于投资控制。

3.1.3　各阶段公路工程造价文件的构成，应按照适用性和针对性原则，反映相应阶段的工作深度，并满足全过程造价管理需要。

3.1.4　各阶段公路工程造价文件，应适应标准化和信息化管理需要，表格的格式、内容应规范，表格的设计应有利于实现造价对比和数据衔接，有利于采用信息化技术。

3.1.5　各阶段公路工程造价文件应按公路工程档案管理要求，科学分类、及时归档，归档资料应完整、清晰。

3.2　造价文件构成

3.2.1　公路工程各阶段造价文件构成框架见图3.2.1。

3.2.2　项目前期阶段的造价文件

1　投资估算文件

1）项目建议书阶段应编制预可行性研究投资估算，工程可行性研究报告阶段应编制工程可行性研究投资估算。投资估算文件是公路工程项目建议书、可行性研究报告的重要组成部分。

2）投资估算应依据《公路工程基本建设项目投资估算编制办法》，采用《公路工程估算指标》及相应的补充造价依据编制。

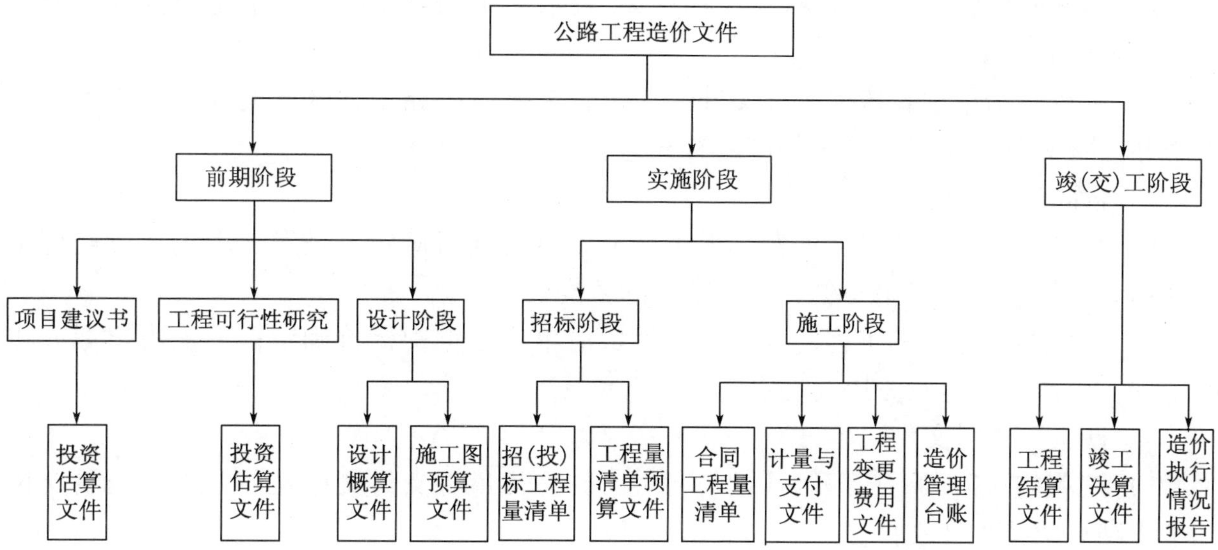

图 3.2.1　公路工程造价文件构成框架

2　设计概算文件

1）初步设计阶段应编制初步设计概算。初步设计概算是初步设计文件的重要组成部分。对技术复杂的建设项目或技术复杂的特大桥、长隧道、大型地质灾害治理等工程，要进行技术设计的，应编制对应的修正概算。初步设计概算文件和修正概算文件分别是公路工程初步设计和技术设计文件的重要组成部分。

2）初步设计概算（修正概算）应依据《公路工程基本建设项目概算预算编制办法》，采用《公路工程概算定额》及相应的补充造价依据编制。

3　施工图预算文件

1）施工图设计阶段应编制施工图预算。施工图预算是评价施工图设计经济性、合理性的依据，是编制工程量清单预算、确定标底或投标最高限价，以及分析衡量投标报价合理性的参考。工程实施中，施工图设计发生重（较）大变化时应编制设计变更预算。施工图预算文件是公路工程施工图设计文件的重要组成部分。

2）施工图预算应依据《公路工程基本建设项目概算预算编制办法》，采用《公路工程预算定额》及相应的补充造价依据编制。

3）施工图预算不得超过经批准的初步设计（修正）概算。

3.2.3　项目实施阶段的造价文件

1　招（投）标工程量清单

1）招标人在招标阶段应编制工程量清单，作为招标文件的组成部分。招标工程量清单是投标人编制投标工程量清单、进行投标报价的依据。

2）投标工程量清单依据招标文件约定的计量计价规则，根据市场价格和投标企业经营状况等因素编制。投标报价不得低于工程成本。

2　工程量清单预算文件

1）招标阶段宜编制工程量清单预算。工程量清单预算是招标人确定招标标底或最高投标限价的依据。

2）工程量清单预算依据招标文件的约定，参照《公路工程基本建设项目概算预算编制办法》和配套定额，以及相应的补充造价依据进行编制。

3　合同工程量清单

1）合同工程量清单由工程发、承包双方签订合同时确定，是发、承包双方进行工程计量与支付、工程费用变更、工程结算的依据。

2）采用招标方式的工程，其合同工程量清单应根据中标价确定；不采用招标方式的工程，由承、发包双方协商确定。

4　计量与支付文件

1）工程施工阶段，应编制计量与支付文件。计量与支付文件是公路工程资金支付和工程结算的依据性文件。

2）计量与支付文件应依据合同文件、工程变更、签认的质量检验单和计量工程量等资料编制。

5　工程变更费用文件

1）发生费用变化的工程变更应编制工程变更费用文件。工程变更费用文件是评价工程变更经济合理性的依据，是编制计量与支付文件、工程结算、工程竣工决算的基础性资料。

2）根据工程管理的实际，工程变更费用文件可采用工程量清单形式或施工图预算形式编制。采用施工图预算形式编制的工程变更费用文件，应依据《公路工程基本建设项目概算预算编制办法》，采用《公路工程预算定额》及相应的补充造价依据编制；采用工程量清单形式编制的工程变更费用文件，应依据合同约定编制。

6　造价管理台账

1）工程实施阶段，建设单位应组织编制造价管理台账。造价管理台账是合理控制工程投资的有效手段，其内容应反映公路工程建设项目实施期工程投资动态变化的总体情况。

2）造价管理台账应依据批准的初步设计概算、施工图预算、合同价、工程变更、投资进度及其他相关的造价管理信息等资料进行编制，并动态更新。

3.2.4　项目竣（交）工阶段的造价文件

1　工程结算文件

1）合同约定的工程、服务或采购完成后，应编制工程结算文件。工程结算文件是承包人向发包人申请办理最终工程价款清算的依据。

2）工程结算文件应依据合同文件、计量与支付文件、工程变更费用文件等资料编制。

2　工程竣工决算文件

1）公路工程建设项目竣工验收前，应编制工程竣工决算文件。经审定的工程竣工决算是公路工程的最终造价，是确定公路工程新增固定资产投资额的依据。

2）工程竣工决算文件应按交通运输部相关的工程竣工决算编制规定编制。

3　造价执行情况报告

建设单位应总结公路工程项目建设全过程的造价管理、投资控制等情况，编制造价执行情况报告。

3.3　造价文件数据处理

3.3.1　应采用信息化技术进行公路工程造价文件的编制和造价数据的输入、输出、查询，实现公路工程各阶段造价数据的传递和交换。

3.3.2　公路工程造价信息化工具的开发、造价文件的数据处理均应符合规定的造价依据，准确展现工程造价文件相关信息，并具备必要的数据分析和处理功能。

3.3.3　采用信息化工具输出的工程造价文件数据格式应与通用表格处理工具软件相兼容，以实现不同造价信息化工具之间的数据交换。

3.4　造价文件归档

3.4.1　公路工程各阶段的造价文件应按相应建设阶段同步收集、整理、归档。实施计算机辅助建设管理的项目，其造价文件的电子版应与纸质版同步归档。

3.4.2　造价文件归档应系统整理组卷，建立索引，便于保管、查询和利用。

4 公路工程造价项目的组成及编码

4.1 一般规定

4.1.1 公路工程造价项目是公路工程造价文件体系中，按一定规则和类别划分的造价因素的总称，具有统一内容、名称、编码、单位、计量规则等特性，主要包括造价费用项目、工程量清单子目、工料机类别、造价指标等。

4.1.2 各阶段造价文件编制时，采用的造价费用项目应符合本导则的要素费用项目的设置规定。通过要素费用项目来联通实现前后阶段的造价对比，进行全过程造价管理。

4.1.3 采用定额计价方式编制的造价文件，应符合本导则的要素费用项目组成及编码规则。

4.1.4 采用工程量清单方式编制的造价文件，应符合本导则的工程量清单子目组成及编码规则。

4.1.5 编制造价文件时，采用的人工、材料、设备、机械类别及编码，应符合本导则人工、材料、设备、机械分类及编码规则。

4.2 费用项目的组成及编码规则

4.2.1 公路工程各阶段造价文件编制采用的费用项目组成及编码规则，应适应标准化和信息化管理需要；应合理设置费用项目组成及编码，满足相应阶段的工作深度和管理要求。

4.2.2 各阶段造价文件的编制应执行本导则的要素费用项目（本导则附录 A. 1“造价要素费用项目表”）；宜结合相应建设阶段的工作深度和管理要求，确定相应建设阶段的扩展费用项目和对应的费用项目清单。项目建议书阶段采用的费用项目宜执行至本导则的要素费用项目的部、项层级，工程可行性研究阶段采用的费用项目宜执行至本导则的要素费用项目的部、项、目层级，初步设计及后续阶段采用的费用项目应执行至本导则的要素费用项目表对应的层级。

4.2.3 要素费用项目的组成及编码规则应符合下列规定：

1 分级设置要素费用项目。一级由第一部分建筑安装工程费用、第二部分土地使用及拆迁补偿费用、第三部分工程建设其他费用、第四部分预备费、第五部分建设期贷款利息等组成，二级及二级以下层级分别表示公路工程的各单位、单项、分部、分项工程，以项、目、节、细目等依次逐层展开。

2 要素费用项目编码采用阿拉伯数字分级组合，并应符合表 4.2.3 的规定。

表 4.2.3 要素费用项目分级及编码

层级	一	二	三	四	五
	部	项	目	节	细目
位数	1 位	2 位	2 位	2 位	2 位
编码范围	1 ~ 9	01 ~ 99	01 ~ 99	01 ~ 99	01 ~ 99

如：× ×特大桥工程引桥的要素费用项目编码示意见图 4.2.3。

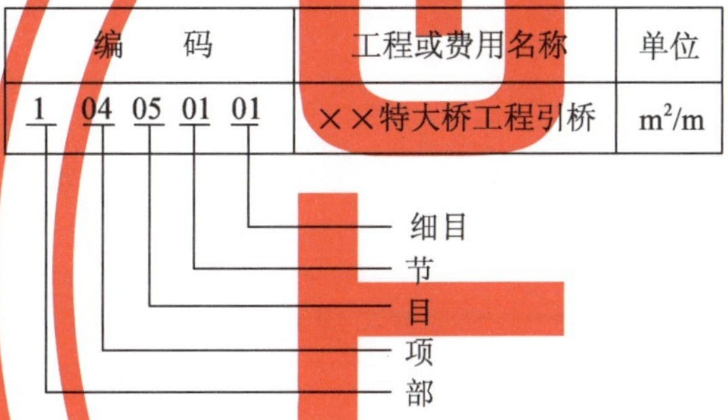

图 4.2.3 要素费用项目编码示意图

3 要素费用项目的工程内容，依照公路工程常规、通用的设计部位及费用内容划分确定，并实现编码、名称、统计单位与工程内容相对应。

4.2.4 各阶段的扩展费用项目清单组成及编码规则应符合下列规定：

1 以要素费用项目为基础，根据相应阶段工作深度需要，扩展细化增加所需要的工程或费用项目组成，并规定编码。

2 准确反映相应建设阶段工程设计、建设实际情况，同级费用项目之间不得有包含或重叠关系。

3 工程或费用名称应符合相关技术标准和规范要求。对专属或新增的名称，应予以定义或解释说明。

4 工程或费用的统计单位宜采用反映其特征的计量单位，必要时可同时采用多种计量单位。

5 编码应结合信息化、模块化管理需要，按一定规则逐层递增划分层次，并与要素费用项目编码建立对应关系。

6　扩展费用项目的设置宜实现造价指标的提取需要。

7　有利于工程量统计、造价计算、设计或施工方案比选及信息化管理。

4.3　工程量清单子目的组成及编码规则

4.3.1　公路工程建设项目招投标、合同管理、计量支付、工程结算采用工程量清单方式计量计价时，其工程量清单的工程或费用以子目形式展现。工程量清单子目应按一定规则进行编码，名称和计量单位应准确反映工程特征，便于工程管理。

4.3.2　工程量清单子目应结合工程设计、施工工艺、招投标和合同管理等因素设置，并制定配套的计量和支付规则。同级子目之间的工程内容不得有包含或重叠关系。

4.3.3　工程量清单子目的设置应便于与造价要素费用项目、设计工程量清单的对应性连接，以适应公路工程建设管理需求和全过程造价管理需要。

4.3.4　工程量清单子目应分级划分、逐层编制，编码可递延、可扩展。一级划分应按表4.3.4执行；二级宜按本导则附录A.2“工程量清单子目组成及编码框架表”执行。

表4.3.4　工程量清单子目组成及编码（一级）

子目编码	子目名称	子目编码	子目名称
100	100章　总则	1100	1100章　征地拆迁
200	200章　路基工程	1200	1200章　工程勘察设计
300	300章　路面工程	1300	1300章　监理服务
400	400章　桥梁、涵洞工程	1400	1400章　其他费用
500	500章　隧道工程		
600	600章　交通安全设施		
700	700章　绿化及环境保护工程	001	各章合计
800	800章　管理、养护设施	002	计日工合计
900	900章　管理、养护及服务房屋	003	暂列金额
1000	1000章　其他工程	004	总价（001+002+003）=004

4.4　人工、材料、设备、机械类别的划分及编码规则

4.4.1　编制公路工程造价文件采用的人工、材料、设备、机械（简称工料机）应分类分级。工料机应按照使用频率、费用类型、专业、用途、物理特性等原则归类。工料

机类别分为三级，并按一定规则编码。

4.4.2 一级类别采用两位数字编码，区间为10～99；二级类别采用两位数字编码，区间为01～99，编码时应优先分配奇数，需要增补时按特征属性相近原则，以偶数补充分配；三级类别采用三位数字编码，区间为001～999。见表4.2.2。

表4.4.2 人工、材料、设备、机械分级及编码

层级	一级	二级	三级
位数	2位	2位	3位
编码范围	10～99	01～99	001～999

如：HPB300钢筋的编码组成示意见图4.4.2。

图4.4.2 人工、材料、设备、机械编码规则示意

4.4.3 工料机的名称及单位应按其特征属性设置，满足计量计价的应用需要。

4.4.4 一级类别按表4.4.4执行；二级类别宜按本导则附录A.3“人工、材料、设备、机械的分类及编码框架表”执行；三级类别按本导则第4.4.1条、第4.4.2条和第4.4.3条的规定归类及编码。

表4.4.4 人工、材料、设备、机械分类及编码（一级）

编 码	类别名称	编 码	类别名称
10	人工	60	专用工程材料
15	配合比材料及路面混合料	70	机电材料及配件
20	金属及制品	75	机电设备
30	基础能源材料及制品	77	养护管理设备
40	种植材及制品	79	其他材料费用
50	化工原料及制品	80	工程机械
55	矿土料及制品	99	基价

4.5 造价指标

4.5.1 公路工程各阶段的造价指标应分阶段、分类、分级，按相应阶段工作深度和管理需要进行统计。其设置应综合考虑工程特点和工程规模，便于评估公路工程建设项目造价合理性；有利于编制或修订公路工程概算定额、预算定额、估算指标时参考；便于通过信息化技术和计算机辅助管理形成。

4.5.2 公路工程主要技术经济指标包括项目基本信息、工程费用、主要工料机消耗等内容，其分类和编码按本导则附录 A.4“主要技术经济指标项目表”执行。

4.5.3 编制公路工程各阶段的造价文件时，应按本导则附录 A.4“主要技术经济指标项目表”提取技术经济指标。项目建议书阶段编制投资估算文件时可参照执行。

4.5.4 结合相应阶段的工作深度和管理需要，可细化技术经济指标。细化的技术经济指标应结合公路工程的建设规模、技术标准、设计方案、地形地质条件，按用途和功能设置。

4.6 各阶段造价项目的连接

4.6.1 为实现公路工程全过程造价管理，应建立前期阶段的投资估算、概预算定额计价体系与实施阶段、竣（交）工阶段的工程量清单计价体系在造价要素费用项目上的连接，实现投资估算、设计概算、施工图预算、合同工程量清单、工程结算、工程竣工决算等前、后阶段间造价费用项目的对比。

4.6.2 公路工程的实施阶段、竣（交）工阶段的造价文件编制，宜按本导则附录 A.5.2“三类清单连接框架示意表”建立设计工程量清单、工程量清单与要素费用项目清单的连接关系，形成符合附录 A.5.1“要素费用项目与工程量清单二级子目连接框架表”的对应关系。

4.6.3 宜通过标准化设计，逐步建立设计工程数量与工程定额子目的关联，提高造价文件编制质量和效率。

4.6.4 宜建立各级公路工程造价信息平台，实现各级信息平台之间互联互通和信息共享。分类建立设计工程量清单、定额子目、工料机信息、工程量清单、费用项目清单、造价指标等造价数据库。

5 公路工程前期阶段造价文件

5.1 一般规定

5.1.1 编制公路工程前期阶段的造价文件时，应符合下列规定：

1 执行国家发布的有关法律、法规、规章及强制性标准。

2 依据项目建议书、工程可行性研究报告、设计文件。

3 采用工程所在地的人工、材料、设备、机械价格以及其他费用的计价标准等。

4 满足建设项目本阶段造价与前一阶段造价对比的需要。

5.1.2 编制公路工程前期阶段的造价文件时，采用的造价费用项目及计算方法应符合下列规定：

1 同级费用项目之间不得有包含或重叠关系。

2 各阶段费用项目的设置应符合本导则第4.2节“费用项目的组成及编码规则”的规定。投资估算应符合相应项目建议书、可行性研究报告和方案设计阶段的工作深度和管理要求，设计（修正）概算应符合初步（技术）设计的工作深度和管理要求，施工图预算应符合施工图设计的工作深度和管理要求。

3 工程费用标准及计算方法应由相应阶段造价依据规定。

5.2 前期阶段造价文件

5.2.1 公路工程前期阶段造价文件应包括编制说明、基本表格和辅助表格。

5.2.2 编制说明应包括下列内容：

1 造价文件编制所依据的项目建议书或工程可行性研究报告（初步设计文件、技术设计文件、施工图设计文件）、所采用的工程比选方案，以及其他依据性的资料等。

2 采用的估算指标、概算定额、预算定额、费用标准，人工、材料、机械台班单价的依据或来源，补充指标、定额及其编制说明。

3 与造价确定有关的委托书、协议书、会议纪要等。

4 造价总金额，人工、钢材、水泥、木料、沥青等主要资源的总消耗量情况，推荐方案和比选方案的经济比较，以及其他需要说明的问题。

5 与前一阶段的主要技术经济指标、主要工程量等的对比情况。

6　其他与造价有关但不能在表格中反映的事项。

5.2.3　公路工程前期阶段造价文件基本表格见表5.2.3，格式应符合本导则附录B的要求；辅助表格应在相应阶段的造价文件编制办法等造价依据中予以明确规定，并按规则统一编号、明确表式和主要内容。

表5.2.3　前期阶段造价文件的基本表格

阶　段		序号	表　名	阶段表号	表格样式
项目建议书及可行性研究	估算文件	1	主要技术经济指标表	估1表	附录B.1
		2	要素费用项目前后阶段对比表	估2表	附录B.2
		3	总估算表	估3表	附录B.4
		4	人工、材料、设备、机械数量、单价表	估4表	附录B.5
设计阶段	概算文件	1	主要技术经济指标表	概1表	附录B.1
		2	要素费用项目前后阶段对比表	概2表	附录B.2
		3	总概算表	概3表	附录B.4
		4	人工、材料、设备、机械数量、单价表	概4表	附录B.5
	预算文件	1	主要技术经济指标表	预1表	附录B.1
		2	要素费用项目前后阶段对比表	预2表	附录B.2
		3	总预算表	预3表	附录B.4
		4	人工、材料、设备、机械数量、单价表	预4表	附录B.5

注：多段估、概、预算汇总时，汇总表格宜参照本导则附录B“公路工程造价文件基本表式”的索引中所列表格样式。

5.2.4　编制公路工程前期阶段造价文件的表格应符合下列规定：

1　计算表格应全面、准确、简洁地反映造价的计算过程与结果，表格之间的数据关系应清晰、明了。

2　表格设置应有利于提高造价编制效率。

3　表格应按先结果后过程、重要数据优先的原则进行排序。

4　表格应按投资估算、设计概算、施工图预算等对应的建设阶段归类。

5　表格中数值、公式、计量单位和符号应符合国家相关标准的要求。

6　表格格式宜尽量满足信息化管理需求。

6 公路工程实施阶段造价文件

6.1 一般规定

6.1.1 本章内容适用于采用施工图设计文件进行招标的公路工程建设项目。以初步（技术）设计文件为依据进行发包的公路工程建设项目，参照执行。

6.1.2 工程量清单分为招标工程量清单、投标工程量清单、合同工程量清单、结算工程量清单等类别。招标工程量清单的标底或最高投标限价应以编制的工程量清单预算为基础确定。

6.1.3 工程变更费用文件应根据工程管理的需要，采用施工图预算形式或工程量清单形式。施工图预算形式的工程变更费用文件一般适用于行业管理部门审批的设计变更，工程量清单形式的工程变更费用文件一般适用于建设项目管理的合同变更。

6.1.4 编制公路工程实施阶段的造价文件时，应符合下列规定：

1 执行国家发布的有关法律、法规、规章及强制性标准。

2 依据设计文件、招（投）标文件、合同文件、工程变更和计量与支付等基础性文件。

3 采用工程所在地的人工、材料、设备、机械价格以及其他费用的计价标准等。

4 满足建设项目与前一阶段造价对比的需要。

6.1.5 编制公路工程实施阶段的造价文件时，采用的造价费用项目及计算方法应符合下列规定：

1 同级费用项目之间不得有包含或重叠关系。

2 费用项目的设置应符合本导则第 4.2 节“费用项目的组成及编码规则”的规定，工程量清单子目的设置应符合本导则第 4.3 节“工程量清单子目的组成及编码规则”的规定，并适应公路工程招（投）标、合同、变更、计量与支付、结算、决算等对应环节的管理需要。

3 工程费用标准及计算方法应由本阶段造价依据规定。

6.1.6 公路工程实施阶段的造价文件包括编制说明、基本表格和辅助表格等内容，可根据造价文件类型分别确定。基本表格由本导则规定，编制说明和辅助表格宜由相应的造价依据、编制办法予以规定，并按规则统一编号、明确表式和主要内容。表格应符合下列规定：

1 造价文件的表格除应采用本导则规定的基本表格（详见表 6.2.4、表 6.2.5、表 6.3.2、表 6.4.1、表 6.5.2、表 6.5.4、表 6.6.2）外，还应结合本阶段计价和管理需要，补充必要的辅助表格，以实现该项造价计算过程的完整展现和数据闭合。

2 计算表格应全面、准确、简洁地反映造价的计算过程与结果，表格之间的数据关系应清晰、明了。

3 表格的设置应有利于前期阶段与实施阶段造价费用项目的衔接，有利于完整反映造价信息。

4 表格应按先结果后过程、重要数据优先的原则进行排序。

5 表格中数值、公式、计量单位和符号应符合国家相关标准的要求。

6 表格格式宜尽量满足信息化管理需求。

6.2 工程量清单及工程量清单预算文件

6.2.1 工程量清单及工程量清单预算文件应完整、准确、直观地反映公路工程建设项目单个合同段，或多个合同段汇总的设计工程数量、实物工程、措施项目等内容。

6.2.2 工程量清单的编制说明主要内容应包括：招标范围及工程建设规模、工程量清单编制采用的依据、工程量来源、主要计量支付规则，以及与造价有关但不能在表格中反映的事项等。

6.2.3 工程量清单预算文件的编制说明应包括下列内容：

1 设计文件的批复情况、招标的主要工作内容及工程建设规模等。

2 采用的造价依据，人工、材料、设备、机械台班的单价依据或来源，其他费用标准或费用信息等。

3 工程招标的核备情况，与工程量清单预算编制有关的委托书、协议书、会议纪要等。

4 造价总金额，人工、钢材、水泥、木料、沥青等主要资源的总消耗量，以及其他需要说明的问题。

5 与批复设计概算（修正概算或施工图预算）对应部分的费用对比情况。

6 其他与造价有关但不能在表格中反映的事项。

6.2.4 工程量清单的基本表格见表 6.2.4，格式应符合本导则附录 B 的要求。

表 6.2.4　工程量清单的基本表格

序号	文件名称	表格编号	表格样式
1	项目清单表	招清单 1 表	附录 B.6
2	工程量清单表	招清单 2 表	附录 B.7

注：招标人发布的招标工程量清单一般有数量、无单价、无合价；投标人递交的投标工程量清单一般有数量、有单价、有合价。

6.2.5　单个合同段的工程量清单预算文件的基本表格见表 6.2.5，格式应符合本导则附录 B 的要求。

表 6.2.5　工程量清单预算文件的基本表格

序号	文件名称	表格编号	表格样式
1	主要技术经济指标表	招预 1 表	附录 B.1
2	项目清单预算表	招预 3-1 表	附录 B.6
3	工程量清单预算表	招预 3-2 表	附录 B.7
4	人工、材料、设备、机械数量、单价表	招预 4 表	附录 B.5

6.2.6　多个合同段工程量清单预算汇总时，应编制“主要技术经济指标汇总表”“要素费用项目前后阶段对比表”“总预算汇总表”“人工、材料、设备、机械数量、单价汇总表”。“总预算汇总表”采用本导则附录 B.3 的表格样式，其他表格格式参照单个合同段的同类表格样式。

6.2.7　监理服务的工程量清单表格可参照本导则附录 B.8“监理服务费计算表”编制，工程勘察设计的工程量清单表格可参照本导则附录 B.9“工程勘察设计费计算表”编制，可结合工程管理需要增加必要的表格。

6.3　合同工程量清单

6.3.1　合同工程量清单的编制说明应包括下列内容：

1　合同的工程范围及主要工作内容等。

2　不平衡报价的调整以及合同工程量清单与投标工程量清单差异等情况。

3　合同谈判中需说明的其他事项。

6.3.2　合同工程量清单的基本表格见表 6.3.2，格式应符合本导则附录 B 的要求。

表 6.3.2　合同工程量清单的基本表格

序号	文件名称	表格编号	表格样式
1	合同项目清单表	合同清单 1 表	附录 B.6
2	合同工程量清单表	合同清单 2 表	附录 B.7

注：发、承包双方签署确认的合同工程量清单应有数量、有单价、有合价。

6.3.3 合同工程量清单与合同文件中的计量与支付规则应配套使用，为工程实施期间计量与支付和工程变更费用的重要管理依据。

6.4 计量与支付文件

6.4.1 计量与支付文件的基本表格见表6.4.1，格式应符合本导则附录B的要求。

表6.4.1 计量与支付文件的基本表格

序号	文 件 名 称	表 格 编 号	表 格 样 式
1	计量报表	计量1表	附录B.10
2	支付报表	支付1表	附录B.11

6.4.2 计量与支付文件应按合同段分期编制，应保持前、后期数据的连续性和逻辑关系。计量报表应如实反映实际完成工程量，支付报表应准确反映应支付金额。

6.5 工程变更费用文件

6.5.1 工程变更费用文件的编制说明应包括下列内容：

1 建设项目设计文件批复情况、工程变更的主要原因、相关的会议纪要等依据。

2 采用的造价依据，人工、材料、设备、机械台班单价的依据或来源，其他费用标准或费用信息等。

3 工程变更前、后的工程规模、技术标准、主要工程量及费用变化情况。

4 其他与造价有关但不能在表格中反映的事项。

6.5.2 工程量清单形式的工程变更费用文件的基本表格见表6.5.2，格式应符合本导则附录B的要求。

表6.5.2 工程变更费用文件的基本表格（工程量清单形式）

序号	文 件 名 称	表 格 编 号	表 格 样 式
1	工程变更项目清单对比表	变更清单1表	附录B.13
2	工程变更工程量清单对比表	变更清单2表	附录B.14
3	工程变更台账表	变更清单3表	附录B.12
4	工程变更项目清单对比汇总表	变更清单总1表	附录B.13
5	工程变更工程量清单对比汇总表	变更清单总2表	附录B.14

注：表中“工程变更台账表”“工程变更项目清单对比汇总表”“工程变更工程量清单对比汇总表”适用于多个变更工程、多个合同段汇总时编制。

6.5.3 工程量清单形式的工程变更费用文件的编制应符合下列规定：

1 一般按单个工程变更分别编制。当变更工程内容相似或属同一工程范围时，可将多个工程变更合并编制。

2 完整、准确、全面反映工程变更前后的工程数量、单价、费用变化的情况。

3 同一合同段应对本合同段的工程变更费用文件进行汇总，建设单位应对本项目全部的工程变更费用文件进行汇总，编制工程变更台账表、项目清单对比汇总表、工程量清单对比汇总表。

6.5.4 施工图预算形式的工程变更费用文件的基本表格见表6.5.4，格式应符合本导则附录B的要求。

表6.5.4 工程变更费用文件的基本表格（施工图预算形式）

序号	文件名称	表格编号	表格样式
一	工程变更增减费用		
1	工程变更费用对比表	变更预1表	附录B.15
二	工程变更后设计预算		
1	总预算表	变更预2表	附录B.4
2	人工、材料、设备、机械数量、单价表	变更预3表	附录B.5
三	工程变更前设计预算		
1	总预算表	变更预2表	附录B.4
2	人工、材料、设备、机械数量、单价表	变更预3表	附录B.5

6.5.5 施工图预算形式的工程变更费用文件应按单个重（较）大设计变更工程编制。当变更工程内容相似或属同一工程范围时，可将多个工程变更合并编制。

6.5.6 工程设计变更前、后的施工图预算编制应符合本导则第5章的有关规定。

6.6 造价管理台账

6.6.1 造价管理台账的编制说明应包括造价管理总体情况、造价文件批复、重（较）大设计变更、工程费用支付、重大造价变化及原因分析、预估决算以及其他需要说明的事项等。

6.6.2 造价管理台账的基本表格见表6.6.2，格式应符合本导则附录B的要求。

表6.6.2 造价管理台账的基本表格

序号	文件名称	表格编号	表格样式
1	造价台账汇总表	台账1表	附录B.16
2	工程变更台账表	台账2表	附录B.12
3	中标价与业主控制价对比表	台账3表	附录B.17
4	合同支付台账表	台账4表	附录B.18

6.6.3 工程变更台账表应按合同段编制，按建设项目所有工程变更内容完整汇总，构成建设项目全面的工程变更造价信息。

6.6.4 造价管理台账应定期维护，及时更新，动态管理。

7　公路工程竣（交）工阶段造价文件

7.1　一般规定

7.1.1　公路工程完工后，发、承包双方应根据合同约定和工程变更批准等资料，及时进行工程结算，编制工程结算文件。

7.1.2　公路工程竣工验收前，建设单位应收集整理建设项目全部造价文件及相关资料，编制工程竣工决算文件及建设项目造价执行情况报告。

7.1.3　公路工程竣（交）工阶段的造价文件应包括编制说明、基本表格和辅助表格。基本表格由本导则规定；编制说明和辅助表格宜由相应阶段的造价依据、编制办法予以规定；辅助表格按规则统一编号、明确表式和主要内容。

7.2　工程结算文件

7.2.1　本节适用于采用施工图设计文件进行发包的公路工程项目。以初步（技术）设计或其他形式进行发包的公路工程建设项目，参照执行。

7.2.2　工程结算文件应全面、准确、直观地反映合同、工程变更、结算的数量、单价及合价。

7.2.3　工程结算文件的编制说明应包括下列内容：

1　工程范围及主要工作内容等。

2　工程结算文件编制的依据、合同价及工程变更的主要内容等。

3　工程结算遗留问题。

4　其他与工程结算有关但不能在表格中反映的事项。

7.2.4　工程结算文件的基本表格见表 7.2.4，格式应符合本导则附录 B 的要求。

7.2.5　辅助表格可参照合同工程量清单、工程变更费用文件的表格设置，以反映造价计算过程和数据来源，有利于造价信息的追溯为原则。

表 7.2.4 工程结算文件的基本表格

序号	文 件 名 称	表 格 编 号	表 格 样 式
1	工程结算项目清单对比表	结算 1 表	附录 B.19
2	工程结算工程量清单对比表	结算 2 表	附录 B.20
3	工程变更台账表	结算 3 表	附录 B.12

注：发、承包双方签署确认的结算工程量清单应有数量、有单价、有合价。

7.3 工程竣工决算文件

7.3.1 工程竣工决算文件应全面、准确、清晰地反映公路工程项目自筹建至竣工发生的全部费用。

7.3.2 工程竣工决算文件应包括项目地理位置图、编制说明、基本表格和辅助表格。

7.3.3 工程竣工决算文件的基本表格见表 7.3.3，格式应符合本导则附录 B 的要求。

表 7.3.3 工程竣工决算文件的基本表格

序号	文 件 名 称	表 格 编 号	表 格 样 式
1	工程概况表	竣 1 表	附录 B.21
2	财务决算表	竣 2 表	附录 B.22
3	资金来源情况表	竣 3 表	附录 B.23
4	工程竣工决算汇总表	竣 4 表	附录 B.24
5	工程竣工决算汇总表（合同格式）	竣 4-1 表	附录 B.25
6	全过程造价对比表	竣 5 表	附录 B.26

7.3.4 工程竣工决算文件的项目地理位置图应能清晰展示公路工程所处的地理位置，主要城镇、工矿区、显著地标等概略位置，以及与沿线交通网络中其他道路的关系。

7.3.5 工程竣工决算文件的编制说明应包括公路工程建设项目概况、造价管理与控制情况、造价管理体会以及其他需要说明的事项等。

7.3.6 工程竣工决算文件的表格应符合下列规定：

1 全面、准确、清晰地反映项目的主要工程概况、建设资金来源与使用、实际总投资，以及自决策至竣工阶段的工程造价变化情况。

2 全过程造价对比表的内容应能实现从项目决策至竣工各阶段要素费用项目对比，并与实施阶段的造价台账汇总表的内容相对应。

3 在基本表格基础上，补充各项费用基础数据计算等辅助表格，实现数据可追溯，确保造价文件完整。

7.4 造价执行情况报告

7.4.1 造价执行情况报告应由建设单位在公路工程建设项目竣工验收前编制，归入建设单位的项目执行报告。

7.4.2 造价执行情况报告应总体反映公路工程建设全过程中主要阶段的造价管理情况。主要内容包括项目的工程概况，投融资方式，建设管理模式，概算执行情况，造价管控目标、措施、成效及体会，以及上级单位对本项目的造价管理或投资控制方面的考核评价情况等。

7.4.3 工程竣工决算超过批准概算时，应在造价执行情况报告中进行专项分析，说明原因。

附录 A　公路工程造价项目及编码

A.1　造价要素费用项目表

表 A.1　造价要素费用项目表

要素费用项目编码	部	项	目	节	细目	要素费用项目		内　容	备　注
	1 位	2 位	2 位	2 位	2 位	工程或费用名称	单位		
1	1					第一部分　建筑安装工程费用	公路公里	包含路基、路面、桥梁、隧道、交叉等分部分项工程费用和专项费用	建设项目路线总长度（主线长度）
101		1				临时工程	公路公里	临时工程包含临时道路、便桥（涵）工程、临时码头、临时供电及电信设施、临时用地建设、其他临时工程等	
102		2				路基工程	km	包括路基土石方工程、排水工程及路基防护工程等	路基长度，即扣除主线桥梁、隧道和互通式立体交叉的主线长度；独立桥梁或隧道工程为引道或接线长度
10201			1			场地清理	km	包括清理掘除地表及种植物、挖除旧路面、拆除原有结构物等	
10202			2			路基挖方	m^3	包括土石方、非适用材料及淤泥的开挖、路基整修等	挖方量
10203			3			路基填方	m^3	包括路基土石方填筑、路基整修等	填方量
10204			4			结构物台背回填	m^3	包括结构物台背回填、锥坡及台前溜坡填土	
10205			5			特殊路基处理	km	包括软土、滑坡地段、岩溶、膨胀土、黄土、盐渍土、风积沙及沙漠地区、季节性冻土、塘、湖、海地区路基的处理	特殊路基处理长度

续表 A.1

要素费用项目编码	部	项	目	节	细目	要素费用项目		内容	备注
	1 位	2 位	2 位	2 位	2 位	工程或费用名称	单位		
1020501				1		软土地区路基处理	km	包括桩处理、换填、预压、排水固结、补压等	纵向处理长度
1020502				2		不良地质路段处置	km	包括滑坡、崩塌及岩堆、泥石流、岩溶、采空区、膨胀土、黄土、滨海路基等不良地质路段的处治	纵向处置长度
102050201					1	滑坡地段路基防治	km/处	包括排水、减载、反压与支挡工程等	纵向防治长度/工点数
102050202					2	崩塌及岩堆路段路基防治	km/处	包括喷锚挂网支护、避绕、清理、支挡、遮挡工程等	
102050203					3	泥石流路段路基防治	km/处	包括排导设施、加固设施等	
102050204					4	岩溶地区防治	km/处	包括设置排水设施、溶洞回填、洞内加固等	
102050205					5	采空区处理	km/处	包括开挖回填、充填和注浆等	纵向处理长度/工点数
102050206					6	膨胀土处理	km/处		
102050207					7	黄土处理	km/处		
102050208					8	滨海路基防护与加固	km/处	包括过水构造物、排水设施、支挡和边坡防护加固等	纵向长度/工点数
						……			可增加表中未包含的特殊路基处理项目
10206			6			排水工程	km	包括一般路段排水及高边坡排水工程中所有沟、漕、池、井及管道等	路基长度
1020601				1		边沟	m^3/m		圬工体积/长度
1020602				2		排水沟	m^3/m		
1020603				3		截水沟	m^3/m		
1020604				4		急流槽	m^3/m		
1020605				5		暗沟	m^3/m		
1020606				6		渗（盲）沟	m^3/m		

续表 A.1

要素费用项目编码	部 1位	项 2位	目 2位	节 2位	细目 2位	要素费用项目 工程或费用名称	单位	内容	备注
1020607				7		其他排水工程	km	除边沟、排水沟、截水沟、急流槽等以外的其他排水工程	路基长度
10207			7			路基防护与加固工程	km	包括一般防护与加固、高边坡防护与加固和冲刷防护等	
1020701				1		一般边坡防护与加固	km	包括植物防护、圬工防护、导治结构物及支挡建筑物等	防护与加固路段的单边路基长度
1020702				2		高边坡防护与加固	km/处		防护与加固路段的单边路基长度/工点
1020703				3		冲刷防护	m	包括植物防护、铺石、抛石、石笼、导治结构物等	防护段长度
1020704				4		其他防护	km	除一般边坡、高边坡、冲刷防护外的路基其他防护工程	路基长度
10208			8			路基其他工程	km	除以上工程外的路基工程或路基零星工程等	
103		3				路面工程	km	包括面层、基层、底基层、垫层、黏层、透层、封层及路面排水等工程	
10301			1			沥青混凝土路面	m^2	包括面层、基层、垫层、黏层、透层、封层等	面层顶面面积
1030101				1		路面垫层	m^2		层顶面面积
1030102				2		路面底基层	m^2		
1030103				3		路面基层	m^2		
1030104				4		透层、封层、黏层	m^2		
1030105				5		沥青混凝土面层	m^2	包括磨耗层、上面层、中面层、下面层等	
10302			2			水泥混凝土路面	m^2	包括面层、基层、垫层、封层等	面层顶面面积
1030201				1		路面垫层	m^2		层顶面面积
1030202				2		路面底基层	m^2		
1030203				3		路面基层	m^2		
1030204				4		透层、封层	m^2		
1030205				5		水泥混凝土面层	m^2		

续表 A. 1

要素费用项目编码	部	项	目	节	细目	要素费用项目		内容	备注
	1 位	2 位	2 位	2 位	2 位	工程或费用名称	单位		
10303			3			其他路面	m^2	包括砂石路面、沥青贯入式、沥青表面处置、泥结碎石等其他路面形式	面层顶面面积
10304			4			路槽、路肩及中央分隔带	km	包括挖路槽、培路肩、中分带填土、路缘石等	路基长度
10305			5			路面排水	km	包括拦水带、排水沟、排水管、集水井、检查井等	
10306			6			旧路面处理	km/m^2	对道路原有路面进行处理的工程内容	处理长度/面层顶面面积
104		4				桥梁涵洞工程	km	包括桥梁工程和涵洞工程等	桥梁长度
10401			1			涵洞工程	m/道	包括盖板涵、管涵、拱涵、箱涵等	涵洞长度/道数
1040101				1		管涵	m/道		
1040102				2		盖板涵	m/道		
1040103				3		箱涵	m/道		
1040104				4		拱涵	m/道		
						……			可增加表中未包含的涵洞项目
10402			2			小桥工程	m/座		桥梁长度/桥梁座数
10403			3			中桥工程	m/座		
10404			4			大桥工程	m/座		
10405			5			特大桥工程	m/座		
1040501				1		××特大桥工程	m^2/m	技术复杂大桥按主桥和引桥分级	桥面面积/桥梁长度
104050101					1	引桥（桥型、跨径）	m^2/m	包括基础、下部结构、上部结构、除桥面铺装以外的桥面系工程等	
104050102					2	主桥（桥型、跨径）	m^2/m		
104050103					3	桥面铺装	m^3	包括面层、连接层、防水层等	铺装物体积
104050104					4	附属工程	m	包括桥头设施、管道预埋件、调治构造物等	桥梁长度
						……			可按不同特大桥增列

续表 A.1

要素费用项目编码	部	项	目	节	细目	要素费用项目		内容	备注
	1位	2位	2位	2位	2位	工程或费用名称	单位		
10406			6			桥梁维修加固工程	m^2/m	包括桥梁加固、裂缝处理、支座及伸缩缝更换等	桥面面积/桥梁长度
105		5				隧道工程	km/座	包含隧道土建工程（不含隧道内机电、交安工程）	隧道长度/座数（分离式隧道长度按单侧隧道长度和/2计）
10501			1			连拱隧道	km/座	包括洞门及洞身、隧道防排水、路面、装饰及辅助坑道等工程	
10502			2			小净距隧道	km/座		
10503			3			分离式隧道	km/座		
10504			4			下沉式隧道	km/座		
10505			5			沉管隧道	km/座		
10506			6			盾构隧道	km/座		
10507			7			其他形式隧道	km/座		
106		6				交叉工程	处	包括平面交叉、通道、天桥、渡槽和立体交叉等	交叉处数
10601			1			平面交叉	处	公路与公路在同一平面上的公路交叉。包括路基、路面、涵洞工程等	平面交叉处数
10602			2			通道	m/处	包括基础、墙身、路面等	通道长度/处数
10603			3			天桥	m/座	包括桥台、桥墩基础、下部结构、上部结构、桥面系和附属结构等	天桥长度/座数
10604			4			渡槽	m/处	包括进出口段、槽身、支承结构和基础等	渡槽长度/处数
10605			5			分离式立体交叉	m/处	包括被交道路（指被交路上跨主线）的路基、路面、桥梁、涵洞、交通工程等。被交路下穿的桥梁列入主线桥梁工程	被交道路线长度/处数
10606			6			互通式立体交叉	km/处	包括主线、匝道、被交道等	主线路线长度/处数
1060601				1		××互通式立体交叉（形式）	km	包括单（双）喇叭、菱形、苜蓿叶等形式	主线路线长度
106060101					1	主线工程	km	包括路基、路面、桥梁、涵洞、隧道等工程	

续表 A.1

要素费用项目编码	部	项	目	节	细目	要素费用项目		内容	备注
	1位	2位	2位	2位	2位	工程或费用名称	单位		
106060102					2	匝道工程	km	包括路基、路面、桥梁、涵洞、隧道等工程	匝道路线长度
						……			可按不同互通式立体交叉名称增列
107		7				交通工程	公路公里	包括公路沿线交通安全、管理、服务等设施	路线总长度
10701			1			交通安全设施	公路公里	包括沿线所设置的护栏、标柱、标志、标线等设施的总称	
10702			2			收费系统	车道/处	包括收费设备及安装、收费岛及相应的配电工程	收费车道数/收费站处数
10703			3			监控系统	公路公里	包括监控（分）中心、外场监控设备及安装，以及相应的配电工程等	路线总长度
10704			4			通信系统	公路公里	包括通信设备及安装、缆线工程及配套的土建工程等	
10705			5			隧道机电工程	km	包括隧道内通风、照明、消防、监控、供配电等设备及安装等	隧道长度
10706			6			供电及照明系统	km	包括道路、桥梁设施、场区的供配电及照明设备及安装（不含隧道内）	除隧道外的路线总长度
10707			7			管理、养护、服务房建工程	m^2	包括管理中心、集中住宿区、收费站、服务区、停车区、养护工区等。包括进出厂区的道路工程、场区范围的土石方工程等	房屋建筑总面积
1070701				1		管理中心	m^2/处	包括房屋土建、安装（含设备购置）、装饰、电气、给排水、户外工程等	建筑面积/处数
1070702				2		养护工区	m^2/处		
1070703				3		服务区	m^2/处		
1070704				4		停车区	m^2/处		
1070705				5		收费站（棚）	m^2/处		
1070706				6		公共交通车站	m^2/处		
						……			可按不同功能性房屋建筑工程增列

续表 A.1

要素费用项目编码	部	项	目	节	细目	要素费用项目		内　　容	备　　注
	1位	2位	2位	2位	2位	工程或费用名称	单位		
108		8				绿化及环境保护工程	公路公里		路线总长度
10801			1			主线绿化及环境保护工程	公路公里	包括路线两侧、中央分隔带、隧道洞门等范围（不含立体交叉范围）	
10802			2			互通式立体交叉绿化及环境保护工程	处	指互通式立体交叉范围内（含主线、匝道及被交道范围）	立体交叉处数
10803			3			管养设施绿化及环境保护工程	m^2/处	指管理中心、集中住宿区、服务区、停车区等场区范围内	建筑面积/处数
10804			4			污水处理绿化及环境保护工程	处	包括污水处理，取、弃土场绿化及声屏障等	
109		9				其他工程	公路公里	包括连接线、辅道、支线、联络线工程及改路、改河、改沟等主线外的其他工程	路线总长度
10901			1			联络线、支线工程	km/处	含路基、路面、桥涵、隧道、交通安全设施、绿化等工程	联络线、支线路线长度/处数
10902			2			连接线工程	km/处		连接线路线长度/处数
10903			3			辅道工程	km/处		辅道路线长度/处数
10904			4			改路工程	km/处		改路长度/处数
10905			5			改河、改沟、改渠工程	m/处		改造长度/处数
10906			6			悬出路台	m/处		路台长度/处数
10907			7			渡口码头	处		处数
						……			可按不同类型的其他工程增列
110		10				其他专项费用	公路公里	包括安全生产经费、信息化管理费、竣工文件编制费等专项费用	路线总长度
111		11				实施阶段发生的其他费用项目	公路公里	工程实施时，发生的概、预算费用项目未涵盖的费用项目，如计日工、索赔、材料价差、报废工程等费用	

续表 A. 1

<table>
<tr><th rowspan="2">要素费用项目编码</th><th>部</th><th>项</th><th>目</th><th>节</th><th>细目</th><th colspan="2">要素费用项目</th><th rowspan="2">内　　容</th><th rowspan="2">备　　注</th></tr>
<tr><th>1 位</th><th>2 位</th><th>2 位</th><th>2 位</th><th>2 位</th><th>工程或费用名称</th><th>单位</th></tr>
<tr><td>2</td><td>2</td><td></td><td></td><td></td><td></td><td>第二部分　土地使用及拆迁补偿费</td><td>公路公里</td><td></td><td>路线总长度</td></tr>
<tr><td>201</td><td></td><td>1</td><td></td><td></td><td></td><td>土地使用费</td><td>亩</td><td></td><td>占（用）地总面积</td></tr>
<tr><td>20101</td><td></td><td></td><td>1</td><td></td><td></td><td>永久征用土地</td><td>亩</td><td></td><td>永久占地面积</td></tr>
<tr><td>20102</td><td></td><td></td><td>2</td><td></td><td></td><td>临时用地</td><td>亩</td><td>包括公路建设需要临时征用、租用的土地</td><td>临时用地面积</td></tr>
<tr><td>202</td><td></td><td>2</td><td></td><td></td><td></td><td>拆迁补偿费</td><td>公路公里</td><td>包括公路建设需要对土地上的房屋、经济作物、管线及其他财物等进行拆除、迁移，并依法给予补偿的费用</td><td rowspan="2">路线总长度</td></tr>
<tr><td>203</td><td></td><td>3</td><td></td><td></td><td></td><td>其他补偿费</td><td>公路公里</td><td>包括公路建设需要使用海域或者路产购置等情况需发生的费用</td></tr>
<tr><td>3</td><td>3</td><td></td><td></td><td></td><td></td><td>第三部分　工程建设其他费用</td><td>公路公里</td><td></td><td rowspan="8">路线总长度</td></tr>
<tr><td>301</td><td></td><td>1</td><td></td><td></td><td></td><td>建设项目管理费</td><td>公路公里</td><td>包含建设单位（业主）管理费、监理费、设计文件审查费、审计费、竣（交）工试验检测费等</td></tr>
<tr><td>302</td><td></td><td>2</td><td></td><td></td><td></td><td>研究试验费</td><td>公路公里</td><td>包括提供或验证设计数据、资料进行必要的研究试验和按照设计规定在施工过程中必须进行试验、验证所需的费用</td></tr>
<tr><td>303</td><td></td><td>3</td><td></td><td></td><td></td><td>建设项目前期工作费</td><td>公路公里</td><td>包括开展可行性研究、工程勘察设计，工程招标文件及标底或最高投标限价等文件编制的费用</td></tr>
<tr><td>304</td><td></td><td>4</td><td></td><td></td><td></td><td>专项评价（估）费</td><td>公路公里</td><td>包括依据法律、法规需进行专项评价（评估）、咨询的费用</td></tr>
<tr><td>305</td><td></td><td>5</td><td></td><td></td><td></td><td>联合试运转费</td><td>公路公里</td><td></td></tr>
<tr><td>306</td><td></td><td>6</td><td></td><td></td><td></td><td>生产准备费</td><td>公路公里</td><td>包括工器具购置、办公和生活用家具购置、生产人员培训、保通应急设备购置等费用</td></tr>
</table>

续表 A.1

要素费用项目编码	部	项	目	节	细目	要素费用项目		内容	备注
	1 位	2 位	2 位	2 位	2 位	工程或费用名称	单位		
307		7				工程保通管理费	公路公里	包含保通便道、航道保通、运营铁路保通等管理费	路线总长度
308		8				工程保险费	公路公里	包含工程一切险和第三方责任保险	
309		9				其他相关费用	公路公里		
4	4					第四部分 预备费	公路公里		
401		1				基本预备费	公路公里		
402		2				价差预备费	公路公里		
5	5					第一至四部分合计	公路公里		
6	6					第五部分 建设期贷款利息	公路公里		
7	7					公路基本造价	公路公里	包括第一至五部分费用	

A.2 工程量清单子目组成及编码框架表

表 A.2 工程量清单子目组成及编码框架表

清单子目编码	清单子目名称	单位	内容
100	100 章 总则		包括临时工程、专项费用、保险等相关费用
101	工程保险费		包括工程一切险和第三方责任险
102	工程管理		包括竣工文件编制、施工环保、安全生产、工程管理信息化建设、交通管制等项
103	临时工程与设施		包括临时道路、便桥、临时用地，临时供电设施、电信设施的提供、维修与拆除，供水与排污设施等
104	承包人驻地建设		包括承包人驻地建设及拆除、清理等
105	专项费用		包括需单列计价的专项费用
	……		可按不同类型增列
200	200 章 路基工程		包括路基土石方、特殊地区路基处理、排水、防护工程等

续表 A.2

清单子目编码	清单子目名称	单位	内　　容
201	通则		
202	场地清理		包括清理与掘除、挖除旧路面、拆除结构物等
203	挖方路基		包括路基挖方，改河、改渠、改路挖方等
204	填方路基		包括路基填筑，改河、改渠、改路填筑等
205	特殊地区路基处理		包括软土地基、滑坡、岩溶洞、膨胀土、黄土、盐渍土、风积沙填筑、季节性冻土改性处理等
206	路基整修		包括整修路拱、边坡等
207	坡面排水		包括边沟、排水沟、截水沟、急流槽、盲沟等
208	护坡、护面墙		包括植物护坡，浆砌片石、混凝土护坡，护面墙等
209	挡土墙		包括砌体、浆砌混凝土块、混凝土挡土墙等
210	锚杆、锚定板挡土墙		包括锚杆、锚定板挡土墙及其基础垫层等
211	加筋挡土墙		包括加筋土挡墙的基础、墙面板以及帽石混凝土等
212	喷射混凝土和喷浆边坡防护		包括挂网土工格栅喷浆、挂网锚喷混凝土防护边坡，坡面防护、土钉支护等
213	预应力锚索、锚杆和钢花管边坡加固		包括预应力锚索、锚杆、钢（花）管注浆，混凝土、钢筋等
214	抗滑桩		包括混凝土、桩板式抗滑挡墙等
215	河道防护		包括河床铺砌、顺坝、丁坝、调水坝等
	……		可按不同类型增列
300	300 章　路面工程		包括路面工程各结构层及路面层间附属设施
301	通则		
302	垫层		包括碎石、沙砾、水泥稳定土等各类垫层
303	底基层		包括碎石、沙砾、水泥稳定土等各类底基层
304	基层		包括碎石、沙砾、水泥稳定土等各类基层
305	透层、封层、黏层		包括各类材质的联结层等
306	沥青混凝土面层		包括磨耗层、上面层、中面层、下面层等
307	水泥混凝土面板		包括混凝土面层、钢筋等
308	其他路面面层		包括砂石路面、沥青贯入式、沥青表面处置、泥结碎石等其他路面形式
309	路槽、路肩及中央分隔带		包括挖路槽、培路肩、中分带填土、路缘石等
310	路面排水		包括拦水带、排水沟、排水管、集水井等
311	旧路面处理		包括纤维土工布、玻璃纤维格栅、应力吸收层、水泥路面压浆等
312	旧路面利用		包括沥青路面冷再生、热再生，水泥混凝土路面再生、破碎混凝土面层利用等

续表 A. 2

清单子目编码	清单子目名称	单位	内　　容
	……		可按不同类型增列
400	400 章　桥梁、涵洞工程		包括桥梁、涵洞、通道及其附属结构物等
401	通则		
402	模板、拱架和支架		
403	钢筋		包括基础、下部、上部、附属等部位的钢筋
404	基础挖方及回填		包括地面排水及围堰、基坑支撑及抽水、基坑回填与压实、错台开挖及斜坡开挖等内容
405	钻孔灌注桩		包括采用钻孔灌注方式成桩的施工及辅助措施以及结构混凝土等
406	沉桩或打入式桩		包括沉入或打入桩的施工及辅助措施以及桩体等
407	挖孔灌注桩		包括采用挖孔灌注方式成桩的施工及辅助措施以及结构混凝土等
408	桩的垂直动静荷载试验		包括压载、沉降观测、卸载、回弹观测、数据分析等内容
409	沉井		包括沉井各部位的施工及辅助措施以及结构体
410	结构混凝土工程		包括基础、下部结构，上部结构主体及附属结构的施工、附属措施及结构体混凝土等
411	预应力混凝土工程		预应力混凝土结构及配置的钢丝、钢筋、钢绞线等
412	桥梁钢结构工程		包括钢结构构造主体及附属设施等
413	砌石工程		包括采用石料进行施工及辅助措施、结构体
414	小型钢构件		包括桥梁及其他公路构造物，除钢筋及预应力钢筋以外的小型钢构件
415	桥面铺装		包括桥面铺装、桥面防水、桥面调整层等
416	桥梁支座		包括各类支座及其附属措施等
417	桥梁接缝和伸缩装置		包括各类伸缩装置的主体及附属措施等
418	防水处理		包括排水管和桥面排水构造物等
419	圆管涵及倒虹吸管涵		包括挖基、垫层、涵身、帽石、洞身铺砌等
420	盖板涵		
421	箱涵		
422	拱涵		
	……		可按不同类型增列
500	500 章　隧道工程		包括隧道洞口与明洞工程、洞身及辅助坑道主体、附属等
501	通则		
502	洞口与明洞工程		包括洞口、明洞开挖，防水与排水、洞口坡面防护、洞门建筑、衬砌、回填等

续表 A.2

清单子目编码	清单子目名称	单位	内　　容
503	洞身开挖		包括洞身及行车、行人横洞的开挖、钻孔爆破、施工支护、装渣运输等
504	洞身衬砌		包括洞身衬砌，仰拱、铺底、边沟混凝土，洞内路面等
505	防水与排水		包括防水板、无纺布、涂料防水层等防水材料，盲沟、排水管等
506	洞内防火和装饰工程		包括喷涂防火涂料、镶贴瓷砖、喷涂混凝土专用漆等
507	风水电作业及通风防尘		包括隧道施工中的供风、供水、供电、照明，以及施工中的通风、防尘等
508	监控量测		包括周边位移量测、拱顶下沉量测等
509	特殊地质地段的施工与地质预报		包括 TPS 超前地质预报、声波探测等
510	洞内机电、消防等设施预埋件		包括通风、机电、消防、供配电、照明等设施预埋件
	……		可按不同类型增列
600	600 章　交通安全设施		包括护栏，隔离栅，道路交通标志、标线，防眩设施，通信、电力管道，预埋（预留）基础，收费设施和地下通道等
601	通则		
602	护栏		包括混凝土、波形梁、缆索护栏等
603	隔离栅和防落网		包括铁丝编织网、刺铁（钢）丝、钢板网隔离栅等
604	道路交通标志		包括各种交通标志、里程标、百米标、公路界碑、示警桩、防撞桶等
605	道路交通标线		包括标线、突起路标、轮廓标等
606	防眩设施		包括防眩板、防眩网等
	……		可按不同类型增列
700	700 章　绿化及环境保护工程		
701	通则		
702	铺设表土		
703	撒播草种和铺植草皮		包括撒播草种、铺植草皮、绿地喷灌管道等
704	种植乔木、灌木和攀缘植物		包括种植乔木、灌木、花卉及攀缘植物等
705	植物养护和管理		
706	声屏障		包括基础开挖、基底夯实、基坑回填、立柱、横板安装等
707	其他环境保护工程		包括污水池、隔油池等

续表 A.2

清单子目编码	清单子目名称	单位	内　　容
	……		可按不同类型增列
800	800 章　管理、养护设施		包括公路沿线及附属设施的机电系统设施等
801	通则		
802	收费系统		包括 IC 卡及读写器，收费设备、报警装置、对讲机、投包存款机、发卡机、收费亭等
803	通信系统		包括光数字传输系统、程控数字交换系统、紧急电话、光端机、交换机及光缆等
804	监控系统		包括信息标志，环境、车辆监测设施，视频监控、大型信息显示、监视设施，硬盘录像机、视频控制设施、区域控制器及配置的计算机及网络设备等
805	专用软件		
806	通风、消防系统		包括火灾报警系统、消防装置、泵房、水井、水池、防火门及隧道内通风系统等
807	供配电照明系统		包括高压电器装置、变压器、低压配电装置、柴油发电机组及电源、路灯及照明灯具、电缆、线槽及桥架、支架等
808	防雷接地系统		包括避雷针、防雷器及接地系统等
809	管道工程		包括通信、监控、供电、收费等系统的管道工程的铺设、预埋、架设等
810	备品备件及专用工具、测试设备		包括通信、监控、供电、收费等系统正常运行需要的备用部件、元器件、专用工具、测试设备等
	……		可按不同类型增列
900	900 章　管理、养护及服务房屋		包括收费天棚、收费岛、管理中心、集中住宿区、养护工区、服务工区、停车区、隧道管养房屋等
901	通则		
902	收费天棚		包括房建土建、安装（含设备购置）、装饰、电气、给排水、户外工程等
903	收费岛		
904	收费站		
905	服务区		
906	管理中心		
	……		可按不同类型增列
1000	1000 章　其他工程		
1001	……		可按不同类型增列
1002	……		

续表 A. 2

清单子目编码	清单子目名称	单位	内　　容
	……		可按不同类型增列
1100	1100 章　征地拆迁		包括农用地、建设用地、临时用地，管线拆迁、房屋及附属设施拆迁等
1101	农用地		包括耕地、园地、林地、牧草地等
1102	建设用地		包括工矿、能源、交通、水利、通信等基础设施用地
1103	未利用地		包括荒草地、盐碱地、沼泽地、沙地、裸土地等
1104	临时用地		包括临时用地的租赁、清理及恢复等
1105	拆迁建筑物		包括房屋及附属设施拆迁及补偿等
1106	拆迁电力电信设施		包括电线、电缆、电杆、电塔等
1107	其他拆迁		
1108	其他补偿		
	……		可按不同类型增列
1200	1200 章　工程勘察设计		包括工程勘察、设计费等
1201	工程勘察费		包括测量、水文调查、地质勘探等
1202	工程设计费		包括工程设计费、概算、调概编制费等
1203	其他费用		包括预算编制费、总体协调费等
	……		可按不同类型增列
1300	1300 章　监理服务		包括监理服务费、试验检测费等
1301	监理服务费		包括人员、办公、差旅，车辆、房屋使用等所有监理服务费用（不含试验检测费）
1302	试验检测费		
1303	其他阶段的相关服务费（含勘察、设计、保修等阶段）		包括勘察、设计、保修等阶段监理服务
1304	其他费用		
1400	1400 章　其他费用		
1401	……		可按不同类型列
001	各章合计		
002	计日工合计		计日工费用
003	暂列金额		包括暂定金额及列入的暂估费用项目
004	总价（001 +002 +003）=004		

A.3 人工、材料、设备、机械的分类及编码框架表

表 A.3 人工、材料、设备、机械的分类及编码框架表

编码	名称	单位	工料机特征	备注
10	综合人工			
1001	人工			
1001001	人工	工日		
	……			
1050	机械工			
105001	机械工	工日		
	……			
15	配合比材料及路面混合料			
1501	浆、砂浆材料			包括水泥砂浆、石灰砂浆、混合砂浆、水泥浆等浆类材料
1501001	M5 水泥砂浆	m^3		
1501002	M7.5 水泥砂浆	m^3		
	……			
1503	水泥混凝土材料			包括普通、泵送、水下、防水、喷射、片石、轻质、自密实混凝土等材料
1503001	片 C10－32.5－8	m^3		
1503002	片 C15－32.5－8	m^3		
	……			
1505	沥青混凝土材料			
1505001	特粗式沥青碎石	m^3		
1505002	粗粒式沥青碎石	m^3		
	……			
1507	路面稳定土材料			
1507001	水泥土	m^3		
1507002	水泥砂	m^3		
	……			
1509	浆、砂浆材料（外购）			
1509001	……			
	……			
1511	水泥混凝土材料（外购）			
1511001	……			
	……			

续表 A. 3

编码	名　　称	单位	工料机特征	备　　注
1513	沥青混凝土材料（外购）			
1513001	……			
	……			
1515	路面稳定土材料（外购）			
1515001	……			
	……			
20	金属及制品			包括各种钢筋、钢材，金属阀门、法兰等，及金属半成品，不含列入“专有名称材料”的制品
2001	钢丝、线材及制品			ϕ5mm 以下的钢丝及组合品，ϕ6mm 以上的钢条，常见的钢丝、钢绞线、铁丝以及包裹或镀涂少量其他材料的钢条，如环氧、镀锌类钢条，常见的圆钢、钢筋等，以及包裹或镀涂少量其他材料的钢条，如环氧、镀锌类钢条
2001001	HPB300 钢筋	t		
2001002	HRB400 钢筋	t		
	……			
2003	钢材及制品			除条、丝之外的以带、板、轨、管及其他形式的钢、铁，以及包裹或镀涂少量其他材料的钢材，如镀锌类钢板、带、轨、管
2003001	系杆	t		
	……			
2005	不锈钢材			不锈钢管、钢板等
2005001	不锈钢管	kg		
	……			
2007	其他金属材			铜、铝、锌、合金质条状及其他形状的材料，不包含包裹大量其他材料的电缆
2007001	锌	kg		
	……			
2009	五金制品			以钢或其他金属材料为主制作的小型制品，如焊条、套筒、锚具、钢钎、钻杆、钻头、锚杆、螺栓、法兰及其他
2009001	焊条	kg		
2009002	钢钎	kg		
	……			
30	基础能源材料及制品			包含沥青、燃油、水、电、煤、气等
3001	沥青			包括煤沥青、天然沥青、石油沥青等
3001001	石油沥青	t		
	……			

续表 A. 3

编码	名　称	单位	工料机特征	备　注
3003	燃油			包含重油、汽油、柴油等
3003001	重油	kg		
	……			
3005	水、电、煤、气			日常用水、用电、用气等
3005001	煤	t		
	……			
40	种植材及制品			草、木、竹原料及加工成品的材料，含部分藤本植物加工而成的成品；绿化工程的种植草、灌木、乔木、水生植物等
4001	草材			包括草袋、麻纺、藤制品等
4001001	麻袋	个		
	……			
4003	木材			包括加入少量黏结材料组合的胶合板
4003001	……			
	……			
4005	竹材			包括毛竹、竹胶模板等
4005001	……			
	……			
4007	其他种植材及制品			除了以上材料之外的其他种植材料及其制品
	……			
4009	乔木			树高 6m 以上的木本植物
4009001	……			
	……			
4011	灌木			树高 6m 以下的木本植物
401101	……			
	……			
4013	草本植物			
4013001	……			
	……			
4015	藤本植物			依附别地植物或支持物，缠绕或攀缘向上生长地植物
	……			
4017	水生植物			能在水中生长的植物
	……			

续表 A.3

编码	名称	单位	工料机特征	备注
4019	其他植物			除以上之外的植物
	……			
50	化工原料及制品			包括塑料、橡胶制品，化工剂，火工、土工材料等化工制品
5001	塑料、橡胶及制品			包括塑料管、塑料排水板、塑料防水板等，以及以天然及合成橡胶为原料生产而成的橡胶制品
5001001	聚四氟乙烯滑板	m^2		
	……			
5003	化工剂类			包括早强剂、黏稠剂、气密剂等
5003001	纤维稳定剂	kg		
	……			
5005	火工材料			包括硝铵炸药、各种雷管、导火线等
5005001	乳化炸药	kg		
	……			
5007	土工材料			包括土工布、土工膜等
5007001	土工布	m^2		
	……			
5009	其他化工原料及制品			除了以上材料之外的化工原料及制品，包含油毛毡、环氧树脂等
5009001	无机富锌漆	kg		
	……			
55	矿土料及制品			包含土、混合料、粉、砂料、石料、砖瓦、水泥、混凝土预制件等
5501	土及混合土料			主要指各种土类及混合土类，主要包含土、黏土、膨润土等
5501001	泥炭	m^3		
5501002	土	m^3		
	……			
5503	粉、砂料			指粒径小于0.8cm的矿土料，主要包含中粗砂、矿粉、石灰、煤渣、矿渣等
5503001	椰粉	m^3		
5503002	生石灰	t		
	……			
5505	石料			指粒径大于0.8cm的石料，主要包含砾石、碎石、片、块石、料石等

续表 A. 3

编码	名　　称	单位	工料机特征	备　　注
5505001	砾石（2cm）	m^3		
	……			
5507	砖瓦等贴材			指用于铺盖、装砌的砖瓦、瓷砖、马赛克等
5507001	马赛克	m^2		
	……			
5509	水泥			
5509001	32.5 级水泥	t		
	……			
5511	混凝土预制件			包含管桩、管涵的管节等
5511001	预制构件	m^3		
	……			
5513	其他矿土及制品			指除了以上常见的矿土料及制品外，比如石灰膏
5513001	石膏板	m^2		
	……			
60	专用工程材料			包括支座、伸缩缝、安全设施、减震器等专用的，且不易单独划分到其他分类的材料
6001	支座			包括钢支座、橡胶组合支座、板式支座、盆式支座等
6001001	钢支座	t		
	……			
6003	伸缩缝			包括模数式、板式橡胶伸缩缝等
6003001	模数式伸缩装置 80 型	m		
	……			
6005	锚具			
6005001	弗氏锚具	套		
	……			
6007	安全设施材料			包括公路沿线设置的护栏、标柱、标志、标线、防撞桶等设施
6007001	钢板标志	t		
	……			
6009	其他专用工程材料			除了支座、伸缩缝、安全设施、锚具之外的其他专用材料，比如声屏障
6009001	……			
	……			

续表 A.3

编码	名称	单位	工料机特征	备注
70	机电材料及配件			包括电线、电缆、光缆及其配件材料
7001	电线电缆			
7001001	电缆	m		
	……			
7003	光缆			
7003001	光缆	m		
	……			
7005	其他机电材料及配件			
7005001	硅芯管	m		
	……			
75	机电设备			包括收费、通信、监控、通风、消防、供配电、防雷接地等设备，灯具、备品备件及专用工具、测试设备
7501	收费设备			
7501001	车道控制器	套		
	……			
7503	通信设备			
7503001	分插复用器 ADM	套		
	……			
7505	监控设备			
7505001	综合控制台	套		
	……			
7507	通风、消防设备			
7507001	轴流风机	台		
	……			
7509	供配电及照明设备			
7509001	照明灯具	盏		
	……			
7511	防雷接地系统			
7511001	信号避雷器	套		
	……			
7513	备品备件及专用工具、测试设备			
7513001	……			
	……			
7515	试验检测设备			指公路工程试验检测用设备

续表 A. 3

编 码	名　　称	单位	工料机特征	备　　注
7515001	……			
	……			
7517	软件			指机电设备通用软件及其他专用软件
7517001	应用软件	套		
	……			
7519	其他机电设备			
7519001	容错服务器	套		
	……			
77	养护管理设备			
7701	养护管理设备			
7701001	桥梁检测车	台		
7701002	路面铣刨机	台		
	……			
79	其他材料费用			
7901	其他材料费			
7901001	其他材料费	元		
7903	设备摊销费			
7903001	设备摊销费	元		
7905	线路折旧费			
7905001	线路折旧费	元		
	……			
80	工程机械			划分为 11 类
8001	土、石方工程机械			包括挖掘、推土、装载、铲运、凿岩穿孔、压实、运输机械等
8001001	60kW 以内履带式推土机	台班		
8001002	75kW 以内履带式推土机	台班		
	……			
8003	路面工程机械			包括面层施工、基层施工机械，沥青材料加工处理设备，石材集料加工处理设备等
8003001	88kW 以内稳定土拌和机	台班		
8003002	118kW 以内稳定土拌和机	台班		
	……			
8005	混凝土及灰浆机械			包括混凝土搅拌机、混凝土喷射机、灌浆机、灰浆输送泵、混凝土搅拌运输车、水泥混凝土搅拌站等

续表 A.3

编码	名　称	单位	工料机特征	备　注
8005001	150L 以内强制式混凝土搅拌机	台班		
8005002	250L 以内强制式混凝土搅拌机	台班		
	……			
8007	水平运输机械			包括载货、自卸汽车，平板拖车组，运油、洒水汽车，机动翻斗车、手扶式拖拉机、蓄电池车等
8007001	2t 以内载货汽车	台班		
8007002	3t 以内载货汽车	台班		
	……			
8009	起重及垂直运输机械			包括履带式、轮胎式、汽车式、塔式、桅杆式、龙门式起重机，高空作业车、电动卷扬机、施工电梯、液压千斤顶、液压升降机等
8009001	10t 以内履带式起重机	台班		
8009002	15t 以内履带式起重机	台班		
	……			
8011	打桩、钻孔机械			包括柴油、重锤、打桩机，振动打拔桩机、桩锤，冲击钻机，回旋钻机，冲击反循环钻机，泥浆搅拌机，螺旋钻孔机等
8011001	0.6t 以内导杆式柴油打桩机	台班		
8011002	1.2t 以内导杆式柴油打桩机	台班		
	……			
8013	泵类机械			包括单级、多级离心清水泵，潜水泵，污水泵，泥浆泵，真空泵，砂泵等
8013001	ϕ50mm 电动单级离心水泵	台班		
8013002	ϕ100mm 电动单级离心水泵	台班		
	……			
8015	金属、木、石料加工机械			包括钢筋调直切断机、钢筋弯曲机、木工圆锯机、木工压刨床、交流电弧焊机、等离子切割机等
8015001	14mm 以内钢筋调直切断机	台班		
8015002	40mm 以内钢筋切断机	台班		
	……			
8017	动力机械			包括柴油发电机组、变压器、空气压缩机、工业锅炉、液压动力柜、高压开关柜等
8017001	5kW 以内柴油发电机组	台班		
8017002	15kW 以内柴油发电机组	台班		
	……			

续表 A.3

编 码	名 称	单位	工料机特征	备 注
8019	工程船舶			包括内燃拖轮、工程驳船、泥浆船、打桩船、起重船、混凝土搅拌船、抛锚船、机动艇
8019001	44kW 以内内燃拖轮	艘班		
8019002	88kW 以内内燃拖轮	艘班		
	……			
8021	工程检测仪器仪表			
8021001	光纤测试仪	台班		
8021002	局域网电缆测试仪	台班		
	……			
8023	通风机			包括轴流式、离心式通风机，吹风机、鼓风机
8023001	7.5kW 内轴流式通风机	台班		
8023002	30kW 内轴流式通风机	台班		
	……			
8025	通风机			包括潜水设备、减压舱、工程修理车
8025001	潜水设备	台班		
8025002	潜水减压舱	台班		
	……			
99	基价			
9901	基价			
9901001	基价	元		

说明：表中三级编码的材料、机械、设备为示例。

A.4 主要技术经济指标项目表

表 A.4 主要技术经济指标项目表

指标编码	指 标 名 称	单位	信息或工程量	备 注
z-0	项目基本信息	公路公里		
z-001	工程所在地			地级市行政地名
z-002	地形类别			
z-003	新建/改（扩）建			按立项确定的性质
z-004	公路技术等级	级		
z-005	设计速度	km/h		
z-006	路面类型及结构层厚度（水泥/沥青）	cm		
z-007	路基宽度	m		路基标准横断面宽度

续表 A.4

指标编码	指 标 名 称	单位	信息或工程量			备 注
z-008	路线长度	公路公里				
z-009	桥梁长度	km				
z-010	隧道长度	km				
z-011	桥隧比例	%				路线长度中的桥梁隧道长度比例
z-012	互通式立体交叉数量	km/处				
z-013	支线、联络线长度	km				
z-014	辅道、连接线长度	km				
指标编码	指 标 名 称	单位	工程量	费用（万元）	技术经济指标	造价占比（%）
z-1	建筑安装工程费	公路公里				
z-101	临时工程	公路公里				
z-102	路基工程	km				
z-10201	路基挖方	1 000m^3				
z-10202	路基填方	1 000m^3				
z-10203	排水圬工	1 000m^3				
z-10204	防护圬工	1 000m^3				
z-10205	特殊路基处理	km				
z-103	路面工程	km				
z-10301	沥青混凝土路面	1 000m^2				
z-10302	水泥混凝土路面	1 000m^2				
z-104	桥梁涵洞工程	km				
z-10401	涵洞工程	m/座				
z-10402	中小桥工程	m/座				
z-10403	大桥工程	m/座				
z-10404	特大桥工程	m/座				
z-105	隧道工程	km/座				
z-10501	小净距隧道	km/座				
z-10502	分离式隧道	km/座				
z-10503	连拱隧道	km/座				
z-10504	其他隧道	km/座				
z-106	交叉工程	处				
z-10601	通道	m/处				

续表 A.4

指标编码	指标名称	单位	工程量	费用（万元）	技术经济指标	造价占比(%)
z-10602	分离式立体交叉	m/处				
z-10603	互通式立体交叉	km/处				
z-107	交通工程	公路公里				
z-10701	交通安全设施	公路公里				
z-10702	机电设备及安装工程	公路公里				
z-10703	管理养护服务房屋工程	m^2				
z-108	绿化及环境保护工程	公路公里				
z-109	其他工程	公路公里				
z-10901	联络线、支线工程	km/处				
z-10902	连接线工程	km/处				
z-10903	辅道工程	km/处				
z-110	其他专项费用	公路公里				
z-2	土地使用及拆迁补偿费	公路公里				
z-201	永久征用土地	亩				
z-202	临时用地	亩				
z-203	拆迁补偿费	公路公里				
z-3	工程建设其他费用	公路公里				
z-301	建设单位管理费	公路公里				
z-302	工程勘察设计费	公路公里				
z-303	工程监理费	公路公里				
z-4	预备费	公路公里				
z-5	建设期贷款利息	公路公里				
z-6	公路基本造价	公路公里				

指标编码	指标名称	单位	数量	单价	备注
z-7	项目主材消耗				
z-701	人工	工日			
z-702	钢材	t			
z-703	水泥	t			
z-704	沥青	t			
z-705	砂	m^3			
z-706	石料	m^3			

说明：本表中 z1 ~ z6 的指标名称的含义与附录 A.1“造价要素费用项目表”一致。

A.5 造价项目连接框架示意表

表 A.5.1 要素费用项目与工程量清单二级子目连接框架表

要素费用项目编码	清单子目编码	项目或费用名称	单 位	备 注
1		第一部分 建筑安装工程费用	公路公里	
101		临时工程	公路公里	
	103	临时工程与设施		
102		路基工程	km	
10201		场地清理	km	
	202	场地清理		
10202		路基挖方	m^3/km	
	203	挖方路基		
	206	路基整修		
10203		路基填方	m^3/km	
	204	填方路基		
	206	路基整修		
10204		结构物台背回填	m^3	
	204	填方路基		
10205		特殊路基处理	km	
1020501		软土地区路基处理	km	
	203	挖方路基		
	205	特殊地区路基处理		
1020502		不良地质路段处治	km	
102050201		滑坡地段路基防治	km/处	
	203	挖方路基		
	207	坡面排水		
	208	护坡、护面墙		
	209	挡土墙		
	210	锚杆、锚定板挡土墙		
	211	加筋挡土墙		
	213	预应力锚索、锚杆和钢花管边坡加固		
	214	抗滑桩		
	215	河道防护		
1020500202		崩塌及岩堆路段路基防治	km/处	
	203	挖方路基		
	207	坡面排水		

续表 A.5.1

要素费用项目编码	清单子目编码	项目或费用名称	单 位	备 注
	208	护坡、护面墙		
	209	挡土墙		
	210	锚杆、锚定板挡土墙		
	211	加筋挡土墙		
	213	预应力锚索、锚杆和钢花管边坡加固		
	214	抗滑桩		
1020500203		泥石流路段路基防治	km/处	
	203	挖方路基		
	207	坡面排水		
	208	护坡、护面墙		
	209	挡土墙		
	210	锚杆、锚定板挡土墙		
	211	加筋挡土墙		
	213	预应力锚索、锚杆和钢花管边坡加固		
	214	抗滑桩		
102050204		岩溶地区防治	km/处	
	205	特殊地区路基处理		
	207	坡面排水		
	204	填方路基		
1020500205		采空区处理	km/处	
	203	挖方路基		
	204	填方路基		
	207	坡面排水		
102050206		膨胀土处理	km/处	
	203	挖方路基		
	205	特殊地区路基处理		
102050207		黄土处理	km/处	
	203	挖方路基		
	205	特殊地区路基处理		
102050208		滨海路基防护与加固	km/处	
	208	护坡、护面墙		
	209	挡土墙		
	210	锚杆、锚定板挡土墙		
	211	加筋挡土墙		

续表 A.5.1

要素费用项目编码	清单子目编码	项目或费用名称	单　位	备　　注
	212	喷射混凝土和喷浆边坡防护		
	213	预应力锚索、锚杆和钢花管边坡加固		
	214	抗滑桩		
10206		排水工程	km	
1020601		边沟	m^3/m	
	207	坡面排水		
1020602		排水沟	m^3/m	
	207	坡面排水		
1020603		截水沟	m^3/m	
	207	坡面排水		
1020604		急流槽	m^3/m	
	207	坡面排水		
1020605		暗沟	m^3/m	
	207	坡面排水		
1020606		渗(盲)沟	m^3/m	
	207	坡面排水		
1020607		其他排水工程	km	
	207	坡面排水		
10207		路基防护与加固工程	km	
1020701		一般边坡防护与加固	km	
	208	护坡、护面墙		
	209	挡土墙		
	210	锚杆、锚定板挡土墙		
1020702		高边坡防护与加固	km/处	
	208	护坡、护面墙		
	209	挡土墙		
	210	锚杆、锚定板挡土墙		
	211	加筋挡土墙		
	212	喷射混凝土和喷浆边坡防护		
	213	预应力锚索、锚杆和钢花管边坡加固		
	214	抗滑桩		
1020703		冲刷防护	m	
	208	护坡、护面墙		
	215	河道防护		
1020704		其他防护	km	

续表 A.5.1

要素费用项目编码	清单子目编码	项目或费用名称	单位	备注
	207	坡面排水		
	208	护坡、护面墙		
10208		路基其他工程	km	
	206	路基整修		
103		路面工程	km	
10301		沥青混凝土路面	m^2	
1030101		路面垫层	m^2	
	302	垫层		
1030102		路面底基层	m^2	
	303	底基层		
1030103		路面基层	m^2	
	304	基层		
1030104		透层、封层、黏层	m^2	
	305	透层、封层、黏层		
1030105		沥青混凝土面层	m^2	
	306	沥青混凝土面层		
10302		水泥混凝土路面	m^2	
1030201		路面垫层	m^2	
	302	垫层		
1030202		路面底基层	m^2	
	303	底基层		
1030203		路面基层	m^2	
	304	基层		
1030204		透层、封层	m^2	
	305	透层、封层、黏层		
1030205		水泥混凝土面层	m^2	
	307	水泥混凝土面板		
10303		其他路面	m^2	
	302	垫层		
	303	底基层		
	304	基层		
	308	其他路面		
10304		路槽、路肩及中央分隔带	km	
	309	路槽、路肩及中央分隔带		

续表 A.5.1

要素费用项目编码	清单子目编码	项目或费用名称	单　位	备　　注
10305		路面排水	km	
	310	路面排水		
10306		旧路面处理	km/m^2	
	311	旧路面处理		
	312	旧路面利用		
104		桥梁涵洞工程	km	
10401		涵洞工程	m/道	
1040101		管涵	m/道	
	207	坡面排水		
	418	防水处理		
	419	圆管涵及倒虹吸管涵		
1040102		盖板涵	m/道	
	207	坡面排水		
	418	防水处理		
	420	盖板涵		
1040103		箱涵	m/道	
	207	坡面排水		
	418	防水处理		
	421	箱涵		
1040104		拱涵	m/道	
	207	坡面排水		
	418	防水处理		
	422	拱涵		
10402		小桥工程	m/座	
	401～418	400 章　桥梁、涵洞工程		
	208	护坡、护面墙		
	215	河道防护		
	305	透层、封层、黏层		
	306	沥青混凝土面层		
	307	水泥混凝土面板		
10403		中桥工程	m/座	
	401～418	400 章　桥梁、涵洞工程		
	208	护坡、护面墙		
	215	河道防护		

续表 A.5.1

要素费用项目编码	清单子目编码	项目或费用名称	单　位	备　　注
	305	透层、封层、黏层		
	306	沥青混凝土面层		
	307	水泥混凝土面板		
10404		大桥工程	m/座	
	401～418	400 章　桥梁、涵洞工程		
	208	护坡、护面墙		
	215	河道防护		
	305	透层、封层、黏层		
	306	沥青混凝土面层		
	307	水泥混凝土面板		
10405		特大桥工程	m/座	
1040501		××特大桥工程	m^2/m	
104050101		引桥(桥型、跨径)	m^2/m	
	401～418	400 章　桥梁、涵洞工程		
	208	护坡、护面墙		
	215	河道防护		
104050102		主桥(桥型、跨径)	m^2/m	
	401～418	400 章　桥梁、涵洞工程		
104050103		桥面铺装	m^3	
	305	透层、封层、黏层		
	306	沥青混凝土面层		
	307	水泥混凝土面板		
104050104		附属工程	m	
	215	河道防护		
105		隧道工程	km/座	
10501		连拱隧道	km/座	
	501～510	500 章　隧道工程		
	305	透层、封层、黏层		
	306	沥青混凝土面层		
	307	水泥混凝土面板		
10502		小净距隧道	km/座	
	501～510	500 章　隧道工程		
	305	透层、封层、黏层		
	306	沥青混凝土面层		

续表 A.5.1

要素费用项目编码	清单子目编码	项目或费用名称	单位	备注
	307	水泥混凝土面板		
10503		分离式隧道	km/座	
	501～510	500 章　隧道工程		
	305	透层、封层、黏层		
	306	沥青混凝土面层		
	307	水泥混凝土面板		
10504		下沉式隧道	km/座	
	501～510	500 章　隧道工程		
	305	透层、封层、黏层		
	306	沥青混凝土面层		
	307	水泥混凝土面板		
10505		沉管隧道	km/座	
	501～510	500 章　隧道工程		
	305	透层、封层、黏层		
	306	沥青混凝土面层		
	307	水泥混凝土面板		
10506		盾构隧道	km/座	
	501～510	500 章　隧道工程		
	305	透层、封层、黏层		
	306	沥青混凝土面层		
	307	水泥混凝土面板		
10507		其他形式隧道	km/座	
	501～510	500 章　隧道工程		
	305	透层、封层、黏层		
	306	沥青混凝土面层		
	307	水泥混凝土面板		
106		交叉工程	处	
10601		平面交叉	处	
	202	场地清理		
	301～312	300 章　路面工程		
10602		通道	m/处	
	207	坡面排水		
	301～312	300 章　路面工程		
	420	盖板涵		

续表 A.5.1

要素费用项目编码	清单子目编码	项目或费用名称	单　位	备　　注
	421	箱涵		
	422	拱涵		
10603		天桥	m/座	
	401～418	400 章　桥梁、涵洞工程		
10604		渡槽	m/处	
	401～418	400 章　桥梁、涵洞工程		
10605		分离式立体交叉	m/处	
	201～215	200 章　路基工程		
	301～312	300 章　路面工程		
	401～422	400 章　桥梁、涵洞工程		
10606		互通式立体交叉	km/处	
1060601		××互通式立体交叉(形式)	km	
106060101		主线工程	km	
	201～215	200 章　路基工程		
	301～312	300 章　路面工程		
	401～422	400 章　桥梁、涵洞工程		
106060102		匝道工程	km	
	201～215	200 章　路基工程		
	301～312	300 章　路面工程		
	401～422	400 章　桥梁、涵洞工程		
	501～510	500 章　隧道工程		
107		交通工程	公路公里	
10701		交通安全设施	公路公里	
	601～606	600 章　交通安全设施		
10702		收费系统	车道/处	
	802	收费系统		
	805	专用软件		
	810	备品备件及专用工具、测试设备		
10703		监控系统	公路公里	
	804	监控系统		
	805	专用软件		
	810	备品备件及专用工具、测试设备		
10704		通信系统	公路公里	

续表 A.5.1

要素费用项目编码	清单子目编码	项目或费用名称	单　位	备　　注
	803	通信系统		
	809	管道工程		
	810	备品备件及专用工具、测试设备		
10705		隧道机电工程	km	
	804	监控系统		
	806	通风、消防系统		
	807	供配电照明系统		
	810	备品备件及专用工具、测试设备		
10706		供电及照明系统	km	
	807	供配电照明系统		
	809	管道工程		
10707		管理、养护、服务房建工程	m^2	
1070701		管理中心	m^2/处	
	906	管理中心		
	201～215	200章　路基工程		
	301～317	300章　路面工程		
1070702		养护工区	m^2/处	
	909	集中住宿区		
	201～215	200章　路基工程		
	301～317	300章　路面工程		
1070703		服务区	m^2/处	
	905	服务区		
	201～215	200章　路基工程		
	301～317	300章　路面工程		
1070704		停车区	m^2/处	
	908	停车区		
	201～215	200章　路基工程		
	301～317	300章　路面工程		
1070705		收费站(棚)	m^2/处	
	904	收费站		
	201～215	200章　路基工程		
	301～317	300章　路面工程		
1070706		公共交通车站	m^2/处	

续表 A.5.1

要素费用项目编码	清单子目编码	项目或费用名称	单　位	备　　注
	910	公共交通车站		
	201~215	200 章　路基工程		
	301~317	300 章　路面工程		
108		绿化及环境保护工程	公路公里	
10801		主线绿化工程	公路公里	
	702	铺设表土		
	703	撒播草种和铺植草皮		
	704	种植乔木、灌木和攀缘植物		
	705	植物养护和管理		
	706	声屏障		
	707	环境保护		
	201~215	200 章　路基工程		
10802		互通式立体交叉绿化工程	处	
	702	铺设表土		
	703	撒播草种和铺植草皮		
	704	种植乔木、灌木和攀缘植物		
	705	植物养护和管理		
	706	声屏障		
	707	环境保护		
	201~215	200 章　路基工程		
10803		管养设施绿化工程	m^2/处	
	702	铺设表土		
	703	撒播草种和铺植草皮		
	704	种植乔木、灌木和攀缘植物		
	705	植物养护和管理		
	706	声屏障		
	707	环境保护		
	201~215	200 章　路基工程		
10804		污水处理绿化及环境保护工程	m^2	
	702	铺设表土		
	703	撒播草种和铺植草皮		
	704	种植乔木、灌木和攀缘植物		
	705	植物养护和管理		
	706	声屏障		

续表 A.5.1

要素费用项目编码	清单子目编码	项目或费用名称	单 位	备 注
	707	环境保护		
	201 ~ 215	200 章 路基工程		
109		其他工程	公路公里	
10901		联络线、支线工程	km/处	
	101 ~ 105	100 章 总则		
	201 ~ 215	200 章 路基工程		
	301 ~ 317	300 章 路面工程		
	401 ~ 421	400 章 桥梁、涵洞工程		
	501 ~ 510	500 章 隧道工程		
	601 ~ 606	600 章 交通安全设施		
	701 ~ 707	700 章 绿化及环境保护工程		
10902		连接线工程	km/处	
	101 ~ 105	100 章 总则		
	201 ~ 215	200 章 路基工程		
	301 ~ 317	300 章 路面工程		
	401 ~ 421	400 章 桥梁、涵洞工程		
	501 ~ 510	500 章 隧道工程		
	601 ~ 606	600 章 交通安全设施		
	701 ~ 707	700 章 绿化及环境保护工程		
109003		辅道工程	km/处	
	101 ~ 105	100 章 总则		
	201 ~ 215	200 章 路基工程		
	301 ~ 317	300 章 路面工程		
	401 ~ 421	400 章 桥梁、涵洞工程		
	501 ~ 510	500 章 隧道工程		
	601 ~ 606	600 章 交通安全设施		
	701 ~ 707	700 章 绿化及环境保护工程		
10904		改路工程	km/处	
	201 ~ 215	200 章 路基工程		
	301 ~ 317	300 章 路面工程		
10905		改河、改沟、改渠工程	m/处	
	201 ~ 215	200 章 路基工程		
10906		悬出路台	m/处	

续表 A.5.1

要素费用项目编码	清单子目编码	项目或费用名称	单　位	备　　注
	201～215	200 章　路基工程		
	301～317	300 章　路面工程		
10907		渡口码头	处	
	201～215	200 章　路基工程		
	301～317	300 章　路面工程		
110		其他专项费用	公路公里	
	101	工程管理		
	102	专项费用		
2		第二部分　土地使用及拆迁补偿费	公路公里	
201		土地使用费	亩	
20101		永久征用土地	亩	
	1101	农用地		
	1102	建设用地		
	1103	未利用地		
20102		临时用地	亩	
	1104	临时用地		
202		拆迁补偿费	公路公里	
	1105	拆迁建筑物		
	1106	拆迁电力电信设施		
	1107	其他拆迁		
203		其他补偿费	公路公里	
	1108	其他补偿		
3		第三部分　工程建设其他费用	公路公里	
301		建设项目管理费	公路公里	
	1301～1303	1300 章　监理服务		
		……		
302		研究试验费	公路公里	
303		建设项目前期工作费	公路公里	
	1201～1203	1200 章　勘察设计		
	1400	1400 章　其他费用		
304		专项评价(估)费	公路公里	
	1400	1400 章　其他费用		
305		联合试运转费	公路公里	
306		生产准备费	公路公里	
307		工程保通管理费	公路公里	

续表 A.5.1

要素费用项目编码	清单子目编码	项目或费用名称	单 位	备 注
308		工程保险费	公路公里	
	101	工程保险费		
309		其他相关费用	公路公里	
		……		
4		第四部分 预备费	公路公里	
401		基本预备费	公路公里	
402		价差预备费	公路公里	
5		第一至四部分合计	公路公里	
6		第五部分 建设期贷款利息	公路公里	
7		公路基本造价	公路公里	

表 A.5.2 三类清单连接框架示意表

要素费用项目编码	清单子目编码	设计工程量清单编码	工程或费用名称	单位	设计工程量	清单工程量	要素工程量
1			第一部分 建筑安装工程费用	公路公里			10
101			临时工程	公路公里			10
102			路基工程	km			8
10201			场地清理	km			8
	202-1-1		清理现场	m^2		250 000	
		S3-1-001	清除表土	m^3	6 000		
		S3-1-002	清表土利用(平均运距)	m^3/km	6 000/5		
		S3-1-003	填前压实面积	m^2	120 000		
		S3-1-004	伐树、挖根、除草	km^2	0.25		
		S3-1-005	砍灌木直径 10cm 以下	km^2	0.05		
	202-1-2		砍伐树木	棵		500	
		S3-2-001	砍树直径 10cm 以上	棵	500		
			……				
			……				
10402			小桥工程	m^2/m			100/10
	403-1-1		光圆钢筋(HPB235、HPB300)	kg		2 000	
		S6-2-001	灌注桩光圆钢筋	kg	340		
		S6-2-002	承台光圆钢筋	kg	560		
		S6-2-003	支撑梁光圆钢筋	kg	600		
		S6-2-004	挖孔桩光圆钢筋	kg	500		
	403-1-2		带肋钢筋(HRB335、HRB400)	kg		5 990	

续表 A.5.2

要素费用项目编码	清单子目编码	设计工程量清单编码	工程或费用名称	单位	设计工程量	清单工程量	要素工程量
		S6-2-001	灌注桩带肋钢筋	kg	600		
		S6-2-002	承台带肋钢筋	kg	670		
		S6-2-003	支撑梁带肋钢筋	kg	720		
		S6-2-004	挖孔桩带肋钢筋	kg	3 600		
		S6-2-005	沉桩带肋钢筋	kg	400		
			……				
			……				
7			公路基本造价	公路公里			10

说明:1. 本表是公路工程三类清单连接示例。

2. 三类清单指全面反映公路工程设计工程量清单、工程量清单、要素费用项目三类工程量信息的对应联接及组合关系,通过该连接关系的形成,实现定额计价体系和清单计价体系的搭接。

附录 B　公路工程造价文件基本表式

造价文件基本表式索引

阶段及造价文件			序号	表　　名	表号	表格样式
前期阶段	项目建议书、工程可行性研究阶段	估算文件	1	主要技术经济指标汇总表	估总 1 表	附录 B. 1
			2	主要技术经济指标表	估 1 表	附录 B. 1
			3	要素费用项目前后阶段对比表	估 2 表	附录 B. 2
			4	总估算汇总表	估总 3 表	附录 B. 3
			5	总估算表	估 3 表	附录 B. 4
			6	人工、材料、设备、机械数量、单价汇总表	估总 4 表	附录 B. 5
			7	人工、材料、设备、机械数量、单价表	估 4 表	附录 B. 5
	设计阶段	概算文件	8	主要技术经济指标汇总表	概总 1 表	附录 B. 1
			9	主要技术经济指标表	概 1 表	附录 B. 1
			10	要素费用项目前后阶段对比表	概 2 表	附录 B. 2
			11	总概算汇总表	概总 3 表	附录 B. 3
			12	总概算表	概 3 表	附录 B. 4
			13	人工、材料、设备、机械数量、单价汇总表	概总 4 表	附录 B. 5
			14	人工、材料、设备、机械数量、单价表	概 4 表	附录 B. 5
		预算文件	15	主要技术经济指标汇总表	预总 1 表	附录 B. 1
			16	主要技术经济指标表	预 1 表	附录 B. 1
			17	要素费用项目前后阶段对比表	预 2 表	附录 B. 2
			18	总预算汇总表	预总 3 表	附录 B. 3
			19	总预算表	预 3 表	附录 B. 4
			20	人工、材料、设备、机械数量、单价汇总表	预总 4 表	附录 B. 5
			21	人工、材料、设备、机械数量、单价表	预 4 表	附录 B. 5
实施阶段	招标阶段	工程量清单	22	项目清单表	招清单 1 表	附录 B. 6
			23	工程量清单表	招清单 2 表	附录 B. 7
		工程量清单预算文件	24	主要技术经济指标汇总表	招预总 1 表	附录 B. 1
			25	主要技术经济指标表	招预 1 表	附录 B. 1
			26	要素费用项目前后阶段对比表	招预总 2 表	附录 B. 2
			27	总预算汇总表	招预总 3 表	附录 B. 3
			28	项目清单预算表	招预 3-1 表	附录 B. 6

续表

阶段及造价文件			序号	表名	表号	表格样式
实施阶段	招标阶段	工程量清单预算文件	29	工程量清单预算表	招预 3-2 表	附录 B. 7
			30	人工、材料、设备、机械数量、单价汇总表	招预总 4 表	附录 B. 5
			31	人工、材料、设备、机械数量、单价表	招预 4 表	附录 B. 5
			32	监理服务费计算表	招监理 1 表	附录 B. 8
			33	工程勘察设计费计算表	招设计 1 表	附录 B. 9
	施工阶段	合同工程量清单	34	合同项目清单表	合同清单 1 表	附录 B. 6
			35	合同工程量清单表	合同清单 2 表	附录 B. 7
		计量与支付文件	36	计量报表	计量 1 表	附录 B. 10
			37	支付报表	支付 1 表	附录 B. 11
		工程变更费用文件	38	工程变更项目清单对比表	变更清单 1 表	附录 B. 13
			39	工程变更工程量清单对比表	变更清单 2 表	附录 B. 14
			40	工程变更台账表	变更清单 3 表	附录 B. 12
			41	工程变更费用对比表	变更预 1 表	附录 B. 15
			42	总预算表	变更预 2 表	附录 B. 4
			43	人工、材料、设备、机械数量、单价表	变更预 3 表	附录 B. 5
		造价管理台账	44	造价台账汇总表	台账 1 表	附录 B. 16
			45	工程变更台账表	台账 2 表	附录 B. 12
			46	中标价与业主控制价对比表	台账 3 表	附录 B. 17
			47	合同支付台账表	台账 4 表	附录 B. 18
竣(交)工阶段	工程结算文件		48	工程结算项目清单对比表	结算 1 表	附录 B. 19
			49	工程结算工程量清单对比表	结算 2 表	附录 B. 20
			50	工程变更台账表	结算 3 表	附录 B. 12
	工程竣工决算文件		51	工程概况表	竣 1 表	附录 B. 21
			52	财务决算表	竣 2 表	附录 B. 22
			53	资金来源情况表	竣 3 表	附录 B. 23
			54	工程竣工决算汇总表	竣 4 表	附录 B. 24
			55	工程竣工决算汇总表(合同格式)	竣 4-1 表	附录 B. 25
			56	全过程造价对比表	竣 5 表	附录 B. 26

B.1　主要技术经济指标表

表 B.1　主要技术经济指标表

建设项目名称：　　　　　　　　编制范围：　　　　　　　　第　页　共　页　　　　　　　　估(概、预、招预)(总)1 表

指标编码	指 标 名 称	单位	信息或工程量	费用(万元)	技术经济指标(单价)	各项费用比例(%)	备　注

编制：　　　　　　　　　　　　　　　　复核：

说明：1. 指标编码和名称应满足 A.4“主要技术经济指标项目表”要求。
2. 多段汇总的“主要技术经济指标汇总表”格式与本表相同。
3. 编制范围一般为区间桩号，其他表相同。

B.2 要素费用项目前后阶段对比表

表 B.2 要素费用项目前后阶段对比表

建设项目名称：　　　　　　　　　　第　页　共　页　　　　　　　　　　估(概、预)2 表

要素费用项目编码	工程或费用名称	单位	设计概算(施工图预算、清单预算)			工可估算(设计概算、施工图预算)			费用变化		备注
			数量	单价	合价	数量	单价	合价	金额	比例(%)	
1	2	3	4	5	6 = 4 × 5	7	8	9 = 7 × 8	10 = 6 − 9	11 = 10 ÷ 9	12

编制：　　　　　　　　　　　　　　复核：

说明：要素费用项目应满足 A.1“造价要素费用项目表”要求。工程项目建议书或预可行性研究阶段可不编制本表。

B.3 总估(概、预)算汇总表

表 B.3 总估(概、预)算汇总表

建设项目名称：　　　　第　页　共　页　　　　估(概、预)总3表

要素费用项目编码	阶段编码	工程或费用名称	单位	总数量	金额(元)				技术经济指标	各项费用比例(%)	备注
					范围1	范围2	……	合计			

编制：　　　　复核：

说明：1. 要素费用项目应满足 A.1“造价要素费用项目表”要求。

2. 阶段编码为相应阶段(如概、预算阶段)造价文件编制办法规定的扩展费用项目编码。范围1为编制范围1。

B.4 总估(概、预)算表

表 B.4 总(估、概、预)算表

建设项目名称：

编制范围：　　　　　　　　　　第　页　共　页　　　　　　　　　　估(概、预)3 表

要素费用项目编码	阶段编码	工程或费用名称	单位	数量	金额(元)	技术经济指标	各项费用比例(%)	备注

编制：　　　　　　　　　　　　　　复核：

说明：1. 要素费用项目应满足 A.1“造价要素费用项目表”要求。

2. 阶段编码为相应阶段(如概、预算阶段)造价文件编制办法规定的扩展费用项目编码。

B.5 人工、材料、设备、机械的数量、单价表

表 B.5 人工、材料、设备、机械的数量、单价表

建设项目名称：　　　　　　　　第　页　共　页　　　　　　　　估(概、预)4 表

序号	编码	名称	单位	单价	总数量	分项统计							场外运输损耗		备注(规格)
						专项管理及临时工程	路基工程	路面工程	桥梁涵洞工程	隧道工程	交叉工程	……	%	数量	

编制：　　　　　　　　　　　　　　复核：

说明：人工、材料、设备、机械编码和名称应满足 A.3“人工、材料、设备、机械的分类及编码框架表”要求。多段汇总表格样式同本表，按编制范围（本表列分项统计）汇总，子项为范围 1、范围 2……。

B.6 (合同)项目清单(预算)表

表 B.6 (合同)项目清单(预算)表

建设项目名称：　　　　合同段：

编制范围：　　　　第　页　共　页　　　　(招清单、合同清单、招预)1 表

要素费用项目编码	清单子目编码	工程或费用名称	单位	数量 1	数量 2	单价 1(元)	单价 2(元)	合价(元)	各项费用比例(%)	备注

编制：　　　　复核：

说明：1. 要素费用项目应满足 A.1“造价要素费用项目表”要求，清单子目编码应遵循 A.2“工程量清单组成及编码框架”的规定。

2. 费用比例的要素项应进行计算，清单子目项可不计算。本表费用计算以工程量清单的数量为基础，当本表用于清单预算编制并采用定额计价方式时，以定额计算合价除以各项目名称下的数量得出单价；当本表用于招标清单或合同清单编制时，为工程量清单数量乘单价得出子项合价，各上级层次的工程合价为子项工程量清单费用汇总合计，合价除以各数量为单价。

B.7 （合同）工程量清单（预算）表

表 B.7.1 （合同）工程量清单（预算）表

建设项目名称： 合同段：

编制范围： （招清单、合同清单、招预）2 表

序号	清单子目编码	清单子目名称	金额（元）
1	100	100 章　总则	
2	200	200 章　路基工程	
3	300	300 章　路面工程	
4	400	400 章　桥梁、涵洞工程	
5	500	500 章　隧道工程	
6	600	600 章　交通安全设施	
7	700	700 章　绿化及环境保护工程	
8	800	800 章　管理、养护设施	
9	900	900 章　管理、养护及服务房屋	
10	1000	1000 章　其他工程	
	…	……	
	001	各章合计	
	002	计日工合计	
	003	暂列金额	
	004	总价 004 ＝（001＋002＋003）	

编制： 复核：

表 B.7.2　工程量清单(预算)表

建设项目名称：　　　　　　　　　　　合同段：

编制范围：　　　　　　　　　　　第　页　共　页　(招清单、合同清单、招预)2-1 表

100 章　总则

清单子目编码	清单子目名称	单位	数量	单价(元)	合价(元)
100 章小计					

编制：　　　　　　　　　　　　复核：

说明：本表仅以 100 章填写样式示例，其他章节格式相同。

B.8　监理服务费计算表

表 B.8　监理服务费计算表

建设项目名称：　　　　　　　　　　合同段：

编制范围：　　　　　　　　第　页　共　页　　　　　　　　招监理 1 表

要素费用项目编码	清单子目编码	工程或费用名称	单位	数量	收费基准价	费用金额	计算方式	……	备注

编制：　　　　　　　　　　　　　　复核：

说明：此表为参照性表格。

B.9 工程勘察设计费计算表

表 B.9 工程勘察设计费计算表

建设项目名称：　　　　合同段：

编制范围：　　　　公路等级：　　　　第　页　共　页　　招设计1表

要素费用项目编码	清单子目编码	工程或费用名称	单位	数量	收费基准价	费用金额	计算方式	……	备注

编制：　　　　复核：

说明：此表为参照性表格。

B.10 计量报表

表 B.10 计 量 报 表

建设项目名称： 合同段：

截止日期： 编号： 计量1表

要素费用项目编码	清单子目编码	清单子目名称	单位	合同数量	变更数量	变更后数量	单价	本年累计完成		至本期末完成		至上期末完成		本期完成	
								数量	金额(元)	数量	金额(元)	数量	金额(元)	数量	金额(元)

承包人： 监理工程师： 建设单位： 第 页 共 页

说明：该报表应由承包人、监理工程师、建设单位代表共同确认，按项目管理相关规定签署或盖章。

B.11 支付报表

表 B.11 支 付 报 表

建设项目名称：　　合同段：

截止日期：　　编号：　　支付 1 表

要素费用项目编码	清单子目编码	清单子目名称	合同金额（元）	变更增减金额（元）	变更后金额（元）	至本期末完成金额（元）	至上期末完成金额（元）	本期完成金额（元）

承包人：　　监理工程师：　　建设单位：　　第　页　共　页

说明：该报表应由承包人、监理工程师、建设单位共同确认，按项目管理相关规定签署或盖章。

B.12 工程变更台账表

表 B.12 工程变更台账表

建设项目名称：　　　　　　　　　　合同段：

编制范围：　　　　　　　　　　数据截止日期：　　　　　　　　变更清单 3 表（台账 3 表）

序号	变更令编号	变更工程名称	变更原因及主要内容	变更发生时间	批复变更费用（元）			变更依据（附件）	备注
					变更前	变更后	增减		
小计									

编制：　　　　　　　　　　复核：　　　　　　　　　　第　页　共　页

说明：1. 变更令编号为项目建设单位统一编制的变更号，备注栏一般填写批复文件号。
2. 变更工程应按类别和发生时间顺序编入本表，未经批准的变更意向不应列入。
3. 本表应按合同段为单位编制，建设项目汇总各合同段数据。

B.13 工程变更项目清单对比表

表 B.13 工程变更项目清单对比表

建设项目名称：　　　　　　　　合同段：

编制范围：　　　　　　　　变更令号：　　　　　　第　页　共　页　　　　　变更清单1表

要素费用项目编码	清单子目编码	工程或费用名称	单位	变更前			变更后			增减		
				数量1/数量2	单价1/单价2(元)	合价(元)	数量1/数量2	单价1/单价2(元)	合价(元)	数量1/数量2	单价1/单价2(元)	合价(元)

编制：　　　　　　　　　　　　复核：

说明：本表可按单个变更令逐一编制，也可多个变更汇总合并编制，其具体编制要求同附录B.6“项目清单(预算)表。”

B. 14 工程变更工程量清单对比表

表 B. 14. 1 工程变更工程量清单对比表

建设项目名称： 合同段：

编制范围： 变更令号： 变更清单 2 表

序号	清单子目编码	清单子目名称	变更前金额(元)	变更后金额(元)	增减金额(元)
1	100	100 章 总则			
2	200	200 章 路基工程			
3	300	300 章 路面工程			
4	400	400 章 桥梁、涵洞工程			
5	500	500 章 隧道工程			
6	600	600 章 交通安全设施			
7	700	700 章 绿化及环境保护工程			
8	800	800 章 管理、养护设施			
9	900	900 章 管理、养护及服务房屋			
10	1000	1000 章 其他工程			
	…	……			
	001	各章合计			
	002	计日工合计			
	003	暂列金额			
	004	总价 004 ＝（001 +002 +003）			

编制： 复核：

说明：本表可用于单项变更令逐一编制，或多项变更汇总编制。其具体编制要求同附录 B. 7“工程量清单(预算)表”。

表 B. 14. 2 工程变更工程量清单对比表

建设项目名称：　　　　　　　　　　合同段：

编制范围：　　　　　　　　　　　　变更令号：

第　页　共　页　　　　　　　　　　　变更清单 3-1 表

清单子目编码	清单子目名称	单位	变更前			变更后			增减			备注
			数量	单价（元）	合价（元）	数量	单价（元）	合价（元）	数量	单价（元）	合价（元）	

编制：　　　　　　　　　　　　　　复核：

说明：本表可用于单项变更令逐一编制，或多项变更汇总编制。其具体编制要求同附录 B.7“工程量清单(预算)表”。

B.15 工程变更费用对比表

表 B.15 工程变更费用对比表

建设项目名称： 合同段：

编制范围： 变更令号： 第 页 共 页 变更预 1 表

要素费用项目编码	工程或费用名称	单位	变更前			变更后			增减			备注
			数量	技术经济指标	合价(元)	数量	技术经济指标	合价(元)	数量	技术经济指标	合价(元)	

编制： 复核：

说明：本表应按单项重(较)大设计变更逐一编制，其具体编制要求同附录 B.4“总估(概、预)算表”。

B.16 造价台账汇总表

表 B.16 造价台账汇总表

建设项目名称:　　　　数据截止日期:　　　　第　页　共　页　　　　台账 1 表

要素费用项目编码	工程或费用名称	单位	初步设计		施工图设计				合同		工程变更		预估决算		备注
			工程数量	批复概算(万元)	工程数量	审查预算(万元)	清单数量	合同费用(万元)	工程数量	工程费用(万元)	工程数量	工程投资(万元)	工程数量	工程投资(万元)	

编制:　　　　复核:

说明:要素费用项目应满足 A.1“造价要素费用项目表》”要求。

B.17 中标价与业主控制价对比表

表 B.17 中标价与业主控制价对比表

建设项目名称： 数据截止日期： 第 页 共 页 台账 3 表

序号	工程类别	标段名称	标段长度（km）	主要工程内容	业主控制价（元）	中标价（元）	中标价浮动率（%）	中标单位	开标日期	备注
一	设计									
	……									
二	监理									
	……									
三	施工									
	……									
四	其他									
	……									
合计										

编制： 复核：

说明：1. 中标价浮动率 =（业主控制价 − 中标价）/业主控制价 ×100%。

2. 工程类别具体按实际招标划分类别调整。

3. 主要工程内容填写本标段起始桩号范围及主要构造物规模。

B.18 合同支付台账表

表 B.18 合同支付台账表

建设项目名称：　　　　　　　　　　数据截止日期：　　　　　　　　　　台账 4 表

序号	合同类别	合同编号	结算书编号	合同名称	签约单位	合同金额（元）	结算金额（元）	累计应扣款（元）	累计应支付（元）	累计已支付（元）	待支付（元）	支付比例（%）	备注
1	2	3	4	5	6	7	8	9	10 = 8 或 7 − 9	11	12 = 10 − 11	13 = 11/10	14
合计													

编制：　　　　　　　　　　　　复核：

说明：合同尚未结算时，累计应支付 = 合同金额 − 累计应扣款。

B.19 工程结算项目清单对比表

表 B.19 工程结算项目清单对比表

建设项目名称： 合同段：

编制范围： 第 页 共 页 结算 1 表

要素费用项目编码	清单子目编码	工程或费用名称	单位	合同				结算				增减				备注
				数量 1	数量 2	单价 1（元）	合价（元）	数量 1	数量 2	单价 1（元）	合价（元）	数量 1	数量 2	单价 1（元）	合价（元）	
		工程总造价	元													

编制： 复核：

说明：本表应按单一合同段逐一编制，其具体编制要求同附录 B.6“项目清单（预算）表”。

B.20 工程结算工程量清单对比表

表 B.20.1 工程结算工程量清单对比表

建设项目名称： 合同段：

编制范围： 结算 2 表

序号	清单子目编码	清单子目名称	合同金额(元)	结算金额(元)	增减金额(元)
1	100	100 章 总则			
2	200	200 章 路基工程			
3	300	300 章 路面工程			
4	400	400 章 桥梁、涵洞工程			
5	500	500 章 隧道工程			
6	600	600 章 交通安全设施			
7	700	700 章 绿化及环境保护工程			
8	800	800 章 管理、养护设施			
9	900	900 章 管理、养护及服务房屋			
10	1000	1000 章 其他工程			
	…	……			
	001	各章合计			
	002	计日工合计			
	003	暂列金额			
	004	总价 004 = (001 + 002 + 003)			

编制： 复核：

说明：本表应按单一合同段逐一编制，其具体编制要求同附录 B.7“工程量清单(预算)表”。

表 B. 20. 2　工程量清单对比表

建设项目名称：　　　　合同段：

编制范围：　　　　第　页　共　页　　　　结算 2-1 表

清单子目编码	清单子目名称	单位	合　同			结　算			增　减			备注
			数量	单价(元)	合价(元)	数量	单价(元)	合价(元)	数量	单价(元)	合价(元)	

编制：　　　　复核：

说明：本表应按单一合同段逐一编制，其具体编制要求同附录 B. 7“工程量清单（预算）表”。

B.21 工程概况表

表 B.21 工程概况表

第　页　共　页　　竣 1 表

建设项目名称								工程建设规模		主要工程数量			
建设项目地址或地理位置								主线公路里程(km)	—	工程名称	单位	设计	竣工
建设起止时间	计划	从　年　月　日开工至　年　月　日交工						支线、联络线里程(km)	—	路基土石方	m^3		
	实际	从　年　月　日开工至　年　月　日交工								特殊路基处理	km		
立项批复(核准)情况		部门		日期		文号		主要技术指标		路基排水圬工	m^3		
初步设计批复情况		部门		日期		文号		公路等级		路基防护圬工	m^3		
施工许可批复情况		部门		日期		文号		设计速度(km/h)		路面工程	m^2		
交工验收情况		部门		日期		文号		设计荷载		大、特大桥	m/座		
		工程质量评分			等级			路基宽度(m)		中、小桥	m/座		
建设单位								隧道净宽(m)		涵洞	m/道		
质量监督机构								地震动峰值系数		隧道	m/座		
主要设计单位										分离式立体交叉	处		
主要监理单位										通道、天桥	座		
主要施工单位								土地征用及拆迁情况		平面交叉	处		
费用情况(万元)								批准用地(亩)		互通式立体交叉	km/处		
要素费用项目名称		批准设计概算		工程决算		增减金额		永久占用土地(亩)		连接线、辅道长度	km		
1	第一部分　建筑安装工程费用							实际拆迁房屋(m^2)		管理及养护房屋	m^2/处		
101	临时工程							工料机消耗					

续表 B. 21

建设项目名称					工程建设规模	主要工程数量					
102	路基工程				主要人工消耗（工日）	设计		主要机械消耗（台班）		设计	
103	路面工程					实际				实际	
104	桥梁涵洞工程				主要材料消耗	钢材（t）	设计		水泥（t）	设计	
105	隧道工程						实际			实际	
106	交叉工程					沥青（t）	设计		砂石料（m^3）	设计	
107	交通工程						实际			实际	
108	绿化及环境保护工程										
109	其他工程										
110	其他专项费用										
111	实施阶段发生的费用项目					汽、柴油（t）	设计		电（kW·h）	实际	
2	第二部分　土地使用及拆迁补偿费用						实际			实际	
3	第三部分　工程建设其他费用				主要尾工工程	工程内容或名称		预计投资（万元）	主要工程数量	预计完成时间	
4	第四部分　预备费										
5	第五部分　建设期贷款利息										
					总决算造价指标（万元/km）						
项目总造价					建安费造价指标（万元/km）						

编制：　　　　复核：　　　　建设单位负责人：　　　　编制日期：

说明：本表宜用 A3 纸打印。

B.22 财务决算表

表 B.22 财务决算表

建设项目名称： 第 页 共 页 竣2表

序号	资金来源	金额(元)	资金占用	金额(元)	补充资料

编制： 复核： 建设单位负责人： 编制日期：

B.23 资金来源情况表

表 B.23 资金来源情况表

建设项目名称： 单位： 元 第 页 共 页 竣3表

序号	资金来源	年度		年度		年度		年度		年度		合计	
		计划数	实际数	计划数	实际数	计划数	实际数	计划数	实际数	计划数	实际数	计划数	实际数
合计													

编制： 复核： 建设单位负责人： 编制日期：

B.24 工程竣工决算汇总表

表 B.24 工程竣工决算汇总表

建设项目名称：　　　　　　　　　　第　页　共　页　　　　竣 4 表

要素费用项目编码	工程或费用名称	单位	合同			变更			决算				备注
			数量	单价（元）	合价（元）	数量	单价（元）	合价（元）	数量	单价（元）	合价（元）	各项费用比例（%）	

编制：　　　　复核：　　　　建设单位负责人：　　　　编制日期：

B.25 工程竣工决算汇总表(合同格式)

表 B.25 工程竣工决算汇总表(合同格式)

建设项目名称： 第 页 共 页 竣 4-1 表

序号	合同段号	工程(或合同段)名称	里程(km)	签约单位	合同价(元)	变更增减金额(元)	其他费用金额(元)	决算金额(元)	备注
1	2	3	4	5	6	7	8	9 = 6 + 7 + 8	10
第一部分 建筑安装工程费用									
1									
2									
3									
		……							
第二部分 土地使用及拆迁补偿费									
……									
第三部分 工程建设其他费用									
1	建设项目管理费								
2	研究试验费								
	……								
第四部分 预备费									
第五部分 建设期贷款利息									
项目总造价									

编制： 复核： 建设单位负责人： 编制日期：

B.26　全过程造价对比表

表 B.26　全过程造价对比表

建设项目名称：　　　　　　　　　　　　　第　页　共　页　　　　　　　　竣 5 表

要素费用项目编码	工程或费用名称	单位	工程可行性研究		初步设计		施工图设计		合　同			决　算			增减幅度（%）
			数量	合价	数量	合价	数量	合价	数量	单价	合价	数量	单价	合价	

编制：　　　　　　　　复核：　　　　　　　　建设单位负责人：　　　　　　　　编制日期：

本导则用词用语说明

1 本导则执行严格程度的用词，采用下列写法：

1）表格很严格，非这样做不可的用词，正面词采用“必须”，反面词采用“严禁”；

2）表示严格，在正常情况下均应这样做的用词，正面词采用“应”，反面词采用“不应”或“不得”；

3）表示允许稍有选择，在条件许可时首先应这样做的用词，正面词采用“宜”，反面词采用“不宜”；

4）表示有选择，在一定条件下可以这样做的用词，采用“可”。

2 引用标准的用词采用下列写法：

1）在标准总则中表述与相关标准的关系时，采用“除应符合本导则的规定外，尚应符合国家和行业现行有关标准的规定”。

2）在标准条文及其他规定中，当引用的标准为国家标准或行业标准时，应表述为“应符合《×××》（×××）的有关规定”。

3）当引用本标准中的其他规定时，应表述为“应符合本导则第×章的有关规定”、“应符合本导则第×.×.×条的有关规定”或“应按本导则第×.×.×条的有关规定执行”。

公路工程现行标准、规范、规程、指南一览表

（2018年1月）

序号	类别		编　　号	书名（书号）	定价（元）
1	基础		JTG 1001—2017	公路工程标准体系（14300）	20.00
2			JTG A02—2013	公路工程行业标准制修订管理导则（10544）	15.00
3			JTG A04—2013	公路工程标准编写导则（10538）	20.00
4			JTJ 002—87	公路工程名词术语（0346）	22.00
5			JTJ 003—86	公路自然区划标准（0348）	16.00
6			JTG B01—2014	★公路工程技术标准（活页夹版，11814）	98.00
7			JTG B01—2014	★公路工程技术标准（平装版，11829）	68.00
8			JTG B02—2013	公路工程抗震规范（11120）	45.00
9			JTG/T B02-01—2008	公路桥梁抗震设计细则（13318）	45.00
10			JTG B03—2006	公路建设项目环境影响评价规范（13373）	40.00
11			JTG B04—2010	公路环境保护设计规范（08473）	28.00
12			JTG B05—2015	★公路项目安全性评价规范（12806）	45.00
13			JTG B05-01—2013	公路护栏安全性能评价标准（10992）	30.00
14			JTG B06—2007	公路工程基本建设项目概算预算编制办法（06903）	26.00
15			JTG/T B06-01—2007	★公路工程概算定额（06901）	110.00
16			JTG/T B06-02—2007	★公路工程预算定额（06902）	138.00
17			JTG/T B06-03—2007	★公路工程机械台班费用定额（06900）	24.00
18			交通部定额站 2009 版	公路工程施工定额（07864）	78.00
19			JTG/T B07-01—2006	公路工程混凝土结构防腐蚀技术规范（13592）	30.00
20			JTG/T 6303.1—2017	收费公路移动支付技术规范　第一册　停车移动支付（14380）	20.00
21			交通运输部 2015 年第 40 号	★收费公路联网收费多义性路径识别技术要求（12484）	40.00
22			JTG B10-01—2014	公路电子不停车收费联网运营和服务规范（11566）	30.00
23			交通运输部 2011 年	公路工程项目建设用地指标（09402）	36.00
24	勘测		JTG C10—2007	★公路勘测规范（06570）	40.00
25			JTG/T C10—2007	★公路勘测细则（06572）	42.00
26			JTG C20—2011	公路工程地质勘察规范（09507）	65.00
27			JTG/T C21-01—2005	公路工程地质遥感勘察规范（0839）	17.00
28			JTG/T C21-02—2014	公路工程卫星图像测绘技术规程（11540）	25.00
29			JTG/T C22—2009	公路工程物探规程（1311）	28.00
30			JTG C30—2015	★公路工程水文勘测设计规范（12063）	70.00
31	设计	公路	JTG D20—2017	公路路线设计规范（14301）	80.00
32			JTG/T D21—2014	公路立体交叉设计细则（11761）	60.00
33			JTG D30—2015	★公路路基设计规范（12147）	98.00
34			JTG/T D31—2008	沙漠地区公路设计与施工指南（1206）	32.00
35			JTG/T D31-02—2013	★公路软土地基路堤设计与施工技术细则（10449）	40.00
36			JTG/T D31-03—2011	★采空区公路设计与施工技术细则（09181）	40.00
37			JTG/T D31-04—2012	多年冻土地区公路设计与施工技术细则（10260）	40.00
38			JTG/T D31-05—2017	黄土地区公路路基设计与施工技术规范（13994）	50.00
39			JTG/T D31-06—2017	季节性冻土地区公路设计与施工技术规范（13981）	45.00
40			JTG/T D32—2012	★公路土工合成材料应用技术规范（09908）	50.00
41			JTG D40—2011	★公路水泥混凝土路面设计规范（09463）	40.00
42			JTG D50—2017	★公路沥青路面设计规范（13760）	50.00
43			JTG/T D33—2012	公路排水设计规范（10337）	40.00
44		桥隧	JTG D60—2015	★公路桥涵设计通用规范（12506）	40.00
45			JTG/T D60-01—2004	公路桥梁抗风设计规范（13804）	40.00
46			JTG D61—2005	公路圬工桥涵设计规范（13355）	30.00
47			JTG D62—2004	公路钢筋混凝土及预应力混凝土桥涵设计规范（05052）	48.00
48			JTG D63—2007	公路桥涵地基与基础设计规范（06892）	48.00
49			JTG D64—2015	★公路钢结构桥梁设计规范（12507）	80.00
50			JTG D64-01—2015	公路钢混组合桥梁设计与施工规范（12682）	45.00
51			JTG/T D65-01—2007	公路斜拉桥设计细则（1125）	28.00
52			JTG/T D65-04—2007	公路涵洞设计细则（06628）	26.00
53			JTG/T D65-05—2015	公路悬索桥设计规范（12674）	55.00
54			JTG/T D65-06—2015	公路钢管混凝土拱桥设计规范（12514）	40.00
55			JTG D70—2004	公路隧道设计规范（05180）	50.00
56			JTG/T D70—2010	★公路隧道设计细则（08478）	66.00
57			JTG D70/2—2014	公路隧道设计规范　第二册　交通工程与附属设施（11543）	50.00

续上表

序号	类别		编号	书名（书号）	定价（元）
58	设计	桥隧	JTG/T D70/2-01—2014	公路隧道照明设计细则（11541）	35.00
59			JTG/T D70/2-02—2014	公路隧道通风设计细则（11546）	70.00
60		交通工程	JTG D80—2006	高速公路交通工程及沿线设施设计通用规范（0998）	25.00
61			JTG D81—2017	公路交通安全设施设计规范（14395）	60.00
62			JTG/T D81—2017	公路交通安全设施设计细则（14396）	90.00
63			JTG D82—2009	公路交通标志和标线设置规范（07947）	116.00
64		综合	交办公路〔2017〕167 号	国家公路网交通标志调整工作技术指南（14379）	80.00
65			交公路发〔2007〕358 号	公路工程基本建设项目设计文件编制办法（06746）	26.00
66			交公路发〔2015〕69 号	公路工程特殊结构桥梁项目设计文件编制办法（12455）	30.00
67	检测		JTG E20—2011	公路工程沥青及沥青混合料试验规程（09468）	106.00
68			JTG E30—2005	公路工程水泥及水泥混凝土试验规程（13319）	55.00
69			JTG E40—2007	★公路土工试验规程（06794）	90.00
70			JTG E41—2005	公路工程岩石试验规程（13351）	30.00
71			JTG E42—2005	公路工程集料试验规程（13353）	50.00
72			JTG E50—2006	★公路工程土工合成材料试验规程（13398）	40.00
73			JTG E51—2009	公路工程无机结合料稳定材料试验规程（08046）	60.00
74			JTG E60—2008	公路路基路面现场测试规程（07296）	50.00
75			JTG/T E61—2014	公路路面技术状况自动化检测规程（11830）	25.00
76	施工	公路	JTG F10—2006	公路路基施工技术规范（06221）	50.00
77			JTG/T F20—2015	★公路路面基层施工技术细则（12367）	45.00
78			JTG/T F30—2014	公路水泥混凝土路面施工技术细则（11244）	60.00
79			JTG/T F31—2014	公路水泥混凝土路面再生利用技术细则（11360）	30.00
80			JTG F40—2004	★公路沥青路面施工技术规范（05328）	50.00
81			JTG F41—2008	公路沥青路面再生技术规范（07105）	40.00
82		桥隧	JTG/T F50—2011	★公路桥涵施工技术规范（09224）	110.00
83			JTG/T F81-01—2004	公路工程基桩动测技术规程（14068）	30.00
84			JTG F60—2009	公路隧道施工技术规范（07992）	55.00
85			JTG/T F60—2009	公路隧道施工技术细则（07991）	70.00
86		交通	JTG F71—2006	★公路交通安全设施施工技术规范（13397）	30.00
87			JTG/T F72—2011	公路隧道交通工程与附属设施施工技术规范（09509）	35.00
88	质检安全		JTG F80/1—2017	公路工程质量检验评定标准　第一册　土建工程（14472）	90.00
89			JTG F80/2—2004	公路工程质量检验评定标准　第二册　机电工程（05325）	40.00
90			JTG G10—2016	公路工程施工监理规范（13275）	40.00
91			JTG F90—2015	★公路工程施工安全技术规范（12138）	68.00
92	养护管理		JTG H10—2009	公路养护技术规范（08071）	60.00
93			JTJ 073.1—2001	公路水泥混凝土路面养护技术规范（13658）	20.00
94			JTJ 073.2—2001	公路沥青路面养护技术规范（13677）	20.00
95			JTG H11—2004	公路桥涵养护规范（05025）	40.00
96			JTG H12—2015	公路隧道养护技术规范（12062）	60.00
97			JTG H20—2007	公路技术状况评定标准（13399）	25.00
98			JTG/T H21—2011	★公路桥梁技术状况评定标准（09324）	46.00
99			JTG H30—2015	公路养护安全作业规程（12234）	90.00
100			JTG H40—2002	公路养护工程预算编制导则（0641）	9.00
101	加固设计与施工		JTG/T J21—2011	公路桥梁承载能力检测评定规程（09480）	20.00
102			JTG/T J21-01—2015	公路桥梁荷载试验规程（12751）	40.00
103			JTG/T J22—2008	公路桥梁加固设计规范（07380）	52.00
104			JTG/T J23—2008	公路桥梁加固施工技术规范（07378）	40.00
105	改扩建		JTG/T L11—2014	高速公路改扩建设计细则（11998）	45.00
106			JTG/T L80—2014	高速公路改扩建交通工程及沿线设施设计细则（11999）	30.00
107	造价		JTG M20—2011	公路工程基本建设项目投资估算编制办法（09557）	30.00
108			JTG/T M21—2011	公路工程估算指标（09531）	110.00
109			JTG/T M72-01—2017	公路隧道养护工程预算定额（14189）	60.00
1	技术指南		交公便字〔2006〕02 号	公路工程水泥混凝土外加剂与掺合料应用技术指南（0925）	50.00
2			厅公路字〔2006〕418 号	公路安全保障工程实施技术指南（1034）	40.00
3			交公便字〔2009〕145 号	公路交通标志和标线设置手册（07990）	165.00

注：JTG——公路工程行业标准体系；JTG/T——公路工程行业推荐性标准体系；JTJ——仍在执行的公路工程原行业标准体系。